100% motivación

Brigitte Bouillerce
Françoise Rousseau

100% motivación

Dirección editorial
Núria Lucena
Coordinación editorial
Jordi Induráin
Edición
Laura del Barrio
Traducción
Dommo Serveis
Ilustración
Jaume Bosch
Realización y preimpresión
Digital Screen
Diseño de portada
Ediciones Larousse, S.A. de C.V. con la colaboración
de David Jiménez Minero
Fotografías portada
© AbleStock

© MM Editions RETZ/HER, París, Francia
© MMIV Larousse/S.E.J.E.R.
© MMIV SPES EDITORIAL, S.L.
D.R. © MMVI Ediciones Larousse, S.A. de C.V.
            Londres núm. 247, México 06600, D.F.

Título original de la obra: *Savoir se motiver*
Publicado por Editions Retz, París.

ISBN 84-8332-539-X (SPES EDITORIAL, S.L.)
ISBN 970-22-1423-8 (Ediciones Larousse, S.A. de C.V.)

PRIMERA EDICIÓN

índice

INTRODUCCIÓN

¿Ha experimentado alguna vez un momento de desaliento, un período de duda o de abatimiento? ¿Se ha encontrado alguna vez ante una situación de fracaso hasta tal punto que su confianza se haya visto fuertemente mermada? ¿Ha tenido alguna vez que enfrentarse, directamente o a través de su entorno personal o profesional, a sucesos desagradables con efectos devastadores para su «moral»? Entonces sabe que estos hechos, inevitables, pueden provocar una **desmotivación** más o menos grave, más o menos duradera.

Sin embargo, frente a situaciones parecidas, **no todos reaccionamos del mismo modo.** Algunos se dejan hundir fácilmente y tienen dificultades para salir a flote. Otros, por el contrario, saben volver a motivarse rápidamente, ponerse en marcha y reencontrar la alegría de vivir y la energía creadora. Estos últimos parece que están más capacitados para superar las dificultades que se encontrarán a lo largo de su vida. **Son la demostración de que la motivación es uno de los motores fundamentales para el éxito.**

El objetivo de esta obra es guiarle para que pueda encontrar en sí mismo los recursos que le permitirán motivarse, tener un comportamiento positivo en todas las circunstancias y alcanzar lo que pretenda.

La **primera parte** del libro le ofrece las claves para realizar un «autodiagnóstico». Le permitirá tener conciencia del estado de ánimo en el que se encuentra usted –o uno de los suyos– y de las dificultades que está padeciendo para tratar de cambiarlo.

Si estamos desmotivados es porque nuestra manera de afrontar las situaciones se ve dominada por la tristeza, que es la marca de la decepción, la frustración, el estrés y la falta de aspiraciones. Además, en ocasiones nuestros modelos de vida son irreales: queremos que el mundo se adapte a nosotros cuando lo constructivo sería que nosotros nos adaptáramos a él. Nos encerramos en una situación que nos bloquea y poco a poco nos vamos aislando. Nuestra salud se deteriora, sufrimos ansiedad, insomnio, nos volvemos agresivos. **El análisis correcto de las causas de la desmotivación es el paso previo para volver a motivarnos con rapidez.**

En la **segunda parte** del libro se trata del conocimiento que tenemos de nosotros mismos, ya sea a través de la autoestima que nos otorgamos, o de la opinión que otras personas tienen de nosotros.

¿Hasta qué punto tenemos confianza en nosotros mismos y mostramos interés por lo que nos incumbe directamente? ¿Qué lugar ocupan los demás en nuestra vida? ¿Cómo interpretamos la opinión de nuestro entorno y cómo reaccionamos? **Darnos importancia a nosotros mismos así como a las relaciones que mantenemos con los demás es la segunda etapa para implicarnos en la elaboración de proyectos que nos hagan avanzar.**

Las dos últimas partes están dedicadas a los medios y técnicas que podemos poner en práctica para generar nuestra motivación.

La **tercera parte** se centra en comprender la importancia de tener una vida interior estimulante. Hay que aprender a aceptar las emociones, que son una fuente primordial para desarrollar la creatividad y la imaginación. Del mismo modo, se deben conocer las razones de nuestras acciones, saber identificar nuestras necesidades y anticipar las reacciones para ser capaces de realizar plenamente nuestro potencial. El conocimiento de uno mismo y el éxito caminan juntos.

La **cuarta parte** está dedicada al desarrollo de las cualidades útiles para la motivación. Todos poseemos entusiasmo y perseverancia. A veces estamos atentos a lo que nuestro entorno nos ofrece para llevar a buen fin los proyectos y sabemos cómo ser positivos. Hay que aprender a cultivar estas cualidades para mantener un elevado nivel de motivación.

Los ejemplos, ejercicios y consejos que se presentan a lo largo de este libro son una herramienta de formación práctica y eficaz. **Esta guía está dirigida a todos aquellos que se sienten desmotivados, que sufren y desean reencontrar el equilibrio generando una motivación a toda prueba.**

Cambiar de
estado de ánimo

1

¿POR QUÉ NOS DESMOTIVAMOS?

POR UNA VISIÓN NEGATIVA DE LA VIDA

No tiene ganas de hacer nada, sólo de quedarse en la cama, llorar, enviarlo todo a volar y estar en el lugar de otros, pues ellos tienen éxito en todo lo que emprenden. Está en contra del mundo y no sabe a ciencia cierta por qué. Nada más emprender una acción piensa que es difícil y que tiene pocas probabilidades de obtener un buen resultado. Entonces, evidentemente, fracasa. Encara las acciones con pesimismo y sólo se fija en los aspectos negativos. Se siente enfermo, apático, débil, deprimido, y cuando se escucha a sí mismo se siente solo y abandonado por los demás. Nada despierta su interés y piensa que no podrá hacer nada bien.

¿Por qué se encuentra en este estado? ¿Por qué no quiere hacer nada? ¿Por qué fracasa en todo lo que emprende? ¿Por qué se siente tan mal y se lo repite incesantemente? ¡Está desmotivado!

EJEMPLO: CATALINA NECESITA EL RECONOCIMIENTO DEL ENTORNO

Catalina tiene 13 años. Desde pequeña le encanta dibujar. Tiene buen gusto para vestirse, peinarse y siempre tiene buenas ideas para decorar su habitación. Es increíblemente creativa. Además, dibuja muy bien. Es deportista y practica patinaje artístico. Desde siempre ha oído a su padre decir: «Si no eres buena en matemáticas, no conseguirás nada en esta vida.» Las únicas calificaciones que le interesan a su padre son las de matemáticas. El resto de las materias no son importantes para él. Catalina no trabaja demasiado, inventa excusas para justificar sus malos resultados, se cree incapaz de aprobar y ha perdido las ganas por todo. Tiene celos de su hermana mayor, que saca buenas calificaciones y se siente un poco inútil. En fin, Catalina no está a gusto consigo misma. Su padre se pone muy nervioso y su madre intenta comprender lo que pasa. Después de una larga charla, Catalina termina por confesar a su madre que lo que a ella realmente le interesa no sirve para nada. Ella quiere ser decoradora y su padre siempre le dice que es ridículo, que dibujar no sirve para nada y que como las matemáticas son necesarias para todo nunca podrá serlo porque no saca buenas calificaciones... ■

	Sí	No

1. ¿Se ha levantado esta mañana contento/a, feliz por emprender un nuevo día? ☐ ☐

2. ¿Ha llegado antes a su trabajo (en caso de que tenga una actividad profesional) o a una cita? ☐ ☐

3. ¿Se ha levantado sabiendo lo que haría a lo largo del día? ☐ ☐

4. ¿Tiene proyectos definidos para el próximo mes? ☐ ☐

5. ¿Tiene uno o varios proyectos para el próximo año? ☐ ☐

6. ¿Conoce la razón por la cual ha comprado este libro? ☐ ☐

7. ¿Cree que su salud es buena? ☐ ☐

8. ¿Sabe lo que no le gusta hacer? ☐ ☐

9. ¿Sabe lo que prefiere hacer? ☐ ☐

10. ¿Sabe qué es lo que hace mejor y por qué? ☐ ☐

11. ¿Sabe qué es lo que hace peor? ☐ ☐

12. ¿Hay algo que le gustaría hacer y que no hace? ☐ ☐

13. ¿Sabe por qué no lo hace? ☐ ☐

14. ¿Tiene realmente ganas de llevar a cabo un nuevo proyecto cuando lo emprende? ☐ ☐

15. Cuando fracasa, ¿sabe por qué? ☐ ☐

16. ¿Ha sonreído o reído como mínimo cinco veces desde esta mañana? ☐ ☐

17. Cuando le comunican una mala noticia personal, ¿es capaz de reaccionar a lo largo de las 24 horas siguientes? ☐ ☐

18. ¿Quiere a las personas con las que trabaja o a aquellas con las que está en contacto durante su vida diaria (exceptuando a sus familiares)? ☐ ☐

19. ¿Intenta comprender a los demás? ☐ ☐

20. ¿Cree que los demás pueden comprenderlo y ayudarlo? ☐ ☐

Si, como Catalina, pasa por situaciones que le minusvaloran o, si como hace su padre, es continuamente desacreditado por su entorno, no tendrá ganas de progresar e impedirá a los demás que lo hagan.

Catalina sufre las consecuencias de los actos que realiza y da por sentado que, como ella no es capaz de agradar a su padre, es estúpida y, en consecuencia, no puede hacer nada. No tiene confianza en sí misma. ¿Se ha planteado en algún momento cómo es ella?

Su padre tiene razón y no intenta comprender el *modus operandi* de su hija, que difiere mucho del suyo. Él la minusvalora porque no la escucha, ni siquiera lo intenta.

Ni Catalina ni su padre se cuestionan cómo son. En ningún momento procuran aceptar los valores del otro. Sus actitudes recíprocas les impiden ser objetivos y comprenderse mutuamente.

Si usted cree que sufre debido a las circunstancias y que todo lo que le pasa es por culpa de los demás o del sistema, ello significa que bajo ningún concepto se cuestiona nada sobre sí mismo. Se siente **triste**♦, le cuesta motivarse y aún más motivar a los demás. Intenta encontrar sentido a su vida. Incluso puede que se pregunte a qué ha venido a este mundo. Responda de la manera más sincera posible con un sí o con un no a las preguntas de la tabla de la página anterior.

♦ *Estar triste: sentir pena.*
- Sentirse triste: creerse mediocre, sentirse afligido.
- Tener la cara triste: tener aspecto de apenado, de descontento.

• Ha respondido principalmente con un sí

¡Avanza por el buen camino! Cuantas más respuestas afirmativas tenga, más condiciones posee para la motivación. Cree en sí mismo/a, quiere a los demás, sabe lo que quiere y la lectura de este libro le aclarará los mecanismos de la motivación. Además, dispondrá de los medios necesarios para ser aún más eficaz y realista a la hora de definir sus proyectos y sus ambiciones. Incluso descubrirá que la motivación no es innata, sino que se trabaja y se alcanza.

• Ha respondido principalmente con un no

Si éste es su caso, ¡ánimo! Piense que ha realizado ya su primera acción positiva: ha contestado este cuestionario honestamente. Además, ha comprado este libro, que le ayudará a desenredar la madeja de su visión de la vida. La motivación no irrumpe de golpe, ya lo sabe. No hay ningún individuo mejor dotado que los demás para motivarse. Sólo existen personas que han recibido una mejor preparación que otras. Si tiene fuerza de voluntad, y la pone a prueba, con un poco de interés usted también podrá comprender los mecanismos de la motivación y aplicarlos a su persona.

Julián es jefe de una empresa. Tiene 60 años y desde hace 30 dirige al personal que tiene bajo su responsabilidad con autoridad y condescendencia. Es paternalista, pero no soporta que sus trabajadores se quejen. Cree que hace mucho por ellos y considera que sus trabajadores se lo deben todo.

Durante la década de 1970, después de que su padre creara la empresa, él supo retener a sus empleados y hacer que le fueran fieles ofreciéndoles buenos sueldos, los mejores de la región.

Actualmente, siguen siendo los empleados mejor pagados de la región. «Entonces, ¿por qué se quejan? ¿Quieren las perlas de la Virgen?», piensa Julián. «Los coches de los vendedores sólo tienen cinco años. Están en buen estado, ¡pueden funcionar un año más! Las secretarias disponen de excelente material informático. ¡Pero ni siquiera saben utilizarlo! Además, les tengo que pagar tres días de un curso de formación sobre el último programa informático.» Julián considera que es tirar el dinero: «Tal vez tendrían que ser más listas y arreglárselas por su cuenta. Si no pueden es porque se organizan mal.» Esto es lo que Julián les ha dado a entender. En la fábrica hay mucho ruido y hace calor. Los obreros trabajan en estas condiciones desde 1970, pero «nunca están contentos.» Los beneficios de la empresa disminuyen, los resultados son malos y Julián pierde la confianza de sus accionistas. Tiene una reunión con el consejo de administración para hablar de la renegociación del contrato con la empresa que se ocupa de las comidas de los trabajadores. Además el comedor necesita reformas.

¿Qué está pasando? Julián está perdiendo la confianza de sus trabajadores, el personal se desmotiva y él mismo corre el riesgo de perder su motivación sin saber por qué.

Ya no es como en la época del **taylorismo**✦, en la que bastaba dar un buen sueldo al trabajador para motivarlo. Es más, no por dar más dinero a tus hijos tendrán mejores calificaciones en la escuela. ■

✦ *Frederick Taylor (1856-1915). Economista estadounidense, fundador del sistema de organización científica del trabajo a la que dio nombre: el taylorismo.*

Las frustraciones y la desmotivación

Si Julián no hace algo, continuará creando insatisfacciones que alimentarán sus frustraciones. Estas frustraciones pueden provocar reacciones agresivas y engendrar fenómenos relacionados con el estrés, lo cual no es positivo para motivar a sus trabajadores y construir un pro-

DISTINTOS TIPOS DE FRUSTRACIÓN

• **Decepción:** he visto un traje que me gusta mucho en un escaparate, pero no queda ninguno de mi talla. Reacción: mi tarde de compras se ha estropeado. No quiero comprar nada y vuelvo a casa decepcionado(a).

• **Ofensa:** no me han felicitado por mi cumpleaños. Reacción: he estado triste durante dos días.

• **Injusticia:** ayer me quedé trabajando hasta las 11 de la noche y me han pedido que hoy me quede otra vez.

Reacción: estoy de mal humor durante todo el día.

• **Preocupación:** he planificado el día teniendo en cuenta las tareas más urgentes. Una petición particular que debe ser tratada con prioridad lo ha alterado por completo.

Reacción: estoy nervioso y me pregunto continuamente cuándo podré hacer lo que había planificado, creo que no se respeta mi horario.

yecto común. Si Julián no reacciona, su empresa podrá encontrarse con graves problemas que serán difíciles de solucionar de un modo racional. Algunos dirán o pensarán que es culpa del sistema...

Cada uno de nosotros tiene sus propios **mecanismos de motivación**. Antes de querer motivar a alguien, siempre que esto sea posible, debe descubrirse lo que hace que se active, lo que le interesa y lo que busca. No hay que equivocarse de mecanismo motivador cuando se trata de comprender a alguien para evitar que aparezcan **frustraciones**♦ y carencias que podrían traducirse en desmotivación.

♦ *Frustración: estado en el que se encuentra una persona que cree que de ningún modo puede satisfacer una necesidad o que no puede satisfacerla como ella desea.*

EJERCICIO **Encuentre en la historia de Julián los diferentes tipos de frustración según los ejemplos del cuadro**

Algunos ejemplos:

Para Julián
- **Decepción:** está decepcionado por la reacción de sus trabajadores a pesar de que tienen los mejores sueldos de la región.
- **Ofensa:** Julián está ofendido porque piensa que sus empleados no reconocen su dedicación a la empresa.
- **Injusticia:** Julián considera una injusticia que sus trabajadores se quejen.
- **Preocupación:** la reunión con el consejo de administración le parece una preocupación añadida y, además, inútil.

Para sus trabajadores
- **Decepción:** las secretarias se sienten decepcionadas por no poder recibir la formación en informática: a pesar de que disponen de un material excelente, no pueden sacarle el máximo rendimiento.
- **Ofensa:** los vendedores se sienten avergonzados porque no visitan a los clientes en coches nuevos; creen que esto daña su imagen y la de la empresa.
- **Injusticia:** los trabajadores de la fábrica creen que es injusto laborar en las condiciones que les impone Julián. Realizan un trabajo difícil y cuando hace calor su tarea es aún más ardua: «El jefe se burla de nosotros... –piensan–. ¡No se da cuenta!»
- **Preocupación:** las secretarias creen que podrían trabajar mejor si recibieran formación. Piensan que si pierden tiempo es por falta de formación.

EJERCICIO **Piense en las últimas frustraciones que ha sentido**

¿Qué tipo de comportamientos le han provocado?
¿Son el origen de la desmotivación?

Juan es ingeniero en una empresa de informática. Está descontento a pesar de que su competencia y sus ambiciones le han permitido alcanzar un puesto de alto nivel. Tiene 48 años, es responsable de una unidad de 500 personas y tiene un buen sueldo. Lo que más le gusta es investigar nuevas soluciones y crear nuevos sistemas.

Desde hace seis meses, le cuesta mucho levantarse por las mañanas. Llega tarde a la oficina y vuelve a casa hacia las seis de la tarde. Su mujer no entiende la situación. Antes no volvía a casa antes de las ocho. Juan se ha vuelto desagradable e irritable. No soporta a sus hijos ni a los empleados de su oficina. La situación se ha vuelto preocupante y el director general lo cita para saber qué está pasando. No tiene la intención de «deshacerse» de Juan, pues lo considera un buen directivo.

El director general: Buenos días, Juan, te veo cansado, ¿no estarás enfermo?

Juan: Estoy muy cansado, no consigo levantarme por las mañanas, creo que estoy enfermando, debería ir a ver a un médico, hace varios meses que me lo he planteado pero no encuentro el momento para ir, ya me entiendes... con tanto trabajo.

D.G.: ¿Te sientes realmente a gusto con tu cargo de directivo?

Juan: Sí, sí...

D.G.: ¿Tienes nuevas ideas para el desarrollo de nuestra empresa con vistas al próximo año?

Juan: He reflexionado bastante sobre dos o tres aspectos. Pero después me he dado cuenta de que no eran buenas ideas.

D.G.: Cuéntame. ¿De qué se trata?

Juan: No son muy interesantes...

D.G.: Vamos, Juan, no digas eso. ¿Tal vez preferías tu cargo anterior?

Juan: No sé, tal vez... no.

D.G.: ¿Cómo ves tu futuro en nuestra empresa?

Juan: No tengo ni idea, me pregunto a veces si no seré demasiado viejo para seguir investigando... Me parece que como directivo me he quedado desfasado... En fin, creo que ahora sólo espero la jubilación...

D.G.: ¡Vamos, Juan, despierta! A tus 48 años tendrás más objetivos que la jubilación, ¿no?

Juan: No lo sé... ∎

¿Sabemos lo que queremos?

¿Motivado? De acuerdo, pero ¿con qué objetivo?

A menudo, estamos desmotivados, nos sentimos mal con nosotros mismos, simplemente porque no sabemos lo que queremos. Si, como en el caso de Juan, no tenemos ni proyectos ni deseos, si ensombrecemos constantemente nuestro panorama y afrontamos con pesimismo las situaciones, es muy difícil estar motivado. En conclusión, Juan es infeliz porque toda la energía que ha desplegado y todo el tiempo que ha sacrificado no se corresponden con lo que él esperaba conseguir. Le cuesta reconocer que está decepcionado y frustrado por no hacer lo que le gusta. Se siente mal, pero no sabe analizar el porqué. No sabe lo que quiere porque no desea enfrentarse con la realidad. Para él, admitir que se ha equivocado sería una deshonra. Pero Juan aún no ha analizado la situación. De momento, está completamente convencido y cree rotundamente en lo que dice. No sabe lo que quiere. Está profundamente desmotivado. Sin embargo, tiene suerte: tiene un jefe que lo escucha, que está motivado y que cree en él.

No actuamos. ¡Reaccionamos!

Muy a menudo tomamos nuestras decisiones contra algo o alguien más que por nuestro propio bien.

EJERCICIO

- Piense en una situación que crea que no tiene remedio, y en la que, como Juan, no sepa lo que quiere y se sienta impotente.
- Pregúntese si su malestar proviene del hecho de no saber lo que quiere o, tal vez, de lo que en realidad prefiere no saber.

En estas condiciones, nos motivamos en un sentido que no es beneficioso para nosotros mismos. Se trata de ajustes de cuentas que incluso pueden llegar demasiado lejos. Aunque «la venganza es un plato que se sirve frío» y que motiva a algunas personas, no olvidemos que puede llevarnos más allá de lo que pretendemos, incluso ante los tribunales, y en contra de nuestra voluntad. Nos arrepentiríamos toda la vida de las consecuencias derivadas de actos desafortunados generados por sentimientos negativos.

Por suerte, pocas personas se dejan arrastrar por un torbellino de tales características. Es más frecuente que sea la desmotivación lo que nos guía a lo largo de nuestra vida y no las malas intenciones.

Pero lea la historia de Luis y pregúntese francamente si a veces no ha sufrido este tipo de tentación.

Sería más sencillo y más saludable que, en caso de encontrarnos en la piel de Luis, dijéramos: «Mi objetivo es pasar un buen día, se trata de mi vida, no de la de los otros. ¿Por qué la tengo que estropear? Haré un esfuerzo y me levantaré más temprano para ser puntual.»

Nuestra cultura y nuestro entorno tienen tendencia a sospechar de aquellas personas que son felices, que están motivadas y tienen éxito. Para despertar el interés de

EJEMPLO: LUIS REACCIONA MAL

Como siempre llego tarde, los profesores se pasan la vida regañándome. No entienden que no consigo levantarme por la mañana y me ponen de mal humor para el resto del día. De todos modos están en mi contra. A partir de ahora he decidido ser puntual para demostrarles que son ellos los estúpidos. Como siempre encuentran algún motivo para hablar mal de mí, los obligaré a que se inventen otras razones. Así podré demostrar que están en mi contra. ■

los demás parece que fuera necesario quejarse continuamente. La felicidad es sospechosa. Esperamos de los medios de comunicación que nos ofrezcan malas noticias porque nos alimentamos de las desgracias ajenas. Las personas felices que intentan convencernos de que nosotros tampoco somos infelices no nos parecen sinceras ni honestas. No obstante, la felicidad no está prohibida.

Vivimos en un ambiente que nos lleva a la dejadez. Si nos dejamos arrastrar tendremos dificultades para conseguir las condiciones necesarias para alcanzar la motivación.

Del mismo modo que tiene el poder de convertirse en un infeliz, tiene el poder de motivarse para llegar a ser una persona feliz.

El ser humano quiere siempre compararse con el prójimo. Una pequeña dosis de individualismo y de egoísmo le ayudarán a motivarse. Se trata de usted, de su libertad y de su libre albedrío.

Oponemos resistencia ante el cambio

Querer motivarse es asumir el cambio. Si no nos motivamos lo suficiente es porque nos resistimos a cambiar, el cambio nos da miedo, nos angustia, nos provoca estrés. El **estrés**♦ es proporcional al grado de novedad y de cambio que la nueva situación va a provocar. La respuesta al estrés: la lucha o la huida.

Si se lucha, nos motivamos. Si se huye, nos desmotivamos.

Por ello, para evitar el afrontamiento que implica tomar una decisión, nos creamos mil y una excusas y adoptamos comportamientos verbales o no verbales que son los síntomas de nuestra resistencia al cambio y el reflejo de nuestra desmotivación.

Patricio y Cristina se resisten al cambio, tienen miedo de las consecuencias que puede acarrear en cuanto a las comodidades de su vida cotidiana. No actúan, no toman ninguna decisión. Cuando la tomen ya será demasiado tarde. Lo habrán alquilado a otra persona. ¡Mala suerte!

♦ *Estrés: reacción que se origina ante una situación nueva, negativa o positiva, la cual requiere un proceso de adaptación física o psicológica, o de ambas al mismo tiempo.*

EJEMPLO: CRISTINA Y PATRICIO SE RESISTEN AL CAMBIO

Patricio y Cristina tienen dos hijos y viven en México, en un departamento con dos habitaciones. Por el mismo precio podrían alquilar un departamento con cuatro habitaciones en una colonia de los alrededores. Cristina estaría más cerca de su trabajo y tardaría una hora menos en llegar. Para Patricio no supondría ningún cambio, pues casi siempre está viajando. Cuando Cristina está sola sabe que puede contar con la ayuda de su madre, que vive a cinco minutos de su departamento. Cuando Patricio está en México, salen mucho por la noche y su madre se queda con los niños. Entonces, a pesar de las ventajas del nuevo departamento que acaban de visitar, dudan... ■

EJERCICIO Cómo evaluar su resistencia al cambio

1. Analice su comportamiento y su grado de resistencia.

2. Describa un proyecto que haya tenido y que tendría que haber provocado un cambio en su vida (por ejemplo, tener un hijo, casarse, separarse, cambiar de trabajo, cambiar de casa, ir de vacaciones, cambiar de cama, el color de las paredes) pero que se ha quedado en proyecto:

3. Acuérdese de sus reacciones cuando aún lo tenía en proyecto.

4. Cuando lo explicaba, cuando pensaba en ello, ¿cuáles eran sus reacciones?

Aquí tiene una lista de reacciones posibles:

- Cambiaba de tema de conversación
- Iba al baño o salía de la habitación
- Le daba dolor de estómago
- Evitaba el tema
- Encontraba siempre un pretexto para evitar la conversación
- Suponía que no le interesaba a nadie más que a usted
- Fumaba más, bebía más
- No comía más o comía demasiado
- Se decía: «El tiempo lo arregla todo»
- Encontraba el proyecto demasiado ambicioso, demasiado caro, de poca importancia
- Pensaba que le llevaría demasiado tiempo, que requeriría demasiado trabajo
- No podía creer en el éxito del proyecto, proyectarse en el futuro
- Siempre tenía otras cosas que hacer
- Pensaba que su familia o amigos no lo entenderían
- Creía que no tendría los medios para conseguirlo
- Se consideraba demasiado joven, demasiado viejo, demasiado grande, demasiado pequeño
- No se sentía preparado para pensar en ello
- Creía que no cambiaría nada en su vida, en el fondo todo iba bien
- Tenía miedo a equivocarse
- No confiaba en sí mismo/a
- Pensaba que podría perder a sus amigos o su libertad
- No se sentía capaz

Como están estresados, no encuentran en ellos mismos los recursos necesarios para profundizar en sus propios deseos; no están realmente motivados.

Esta lista no es exhaustiva. Puede ampliarla usted mismo con sus propias reacciones.

◆ Estos dos
psicofisiólogos
estadounidenses han
elaborado una escala que
permite evaluar la
cantidad de estrés que se
produce a lo largo
de nuestra vida. La
escala se ha realizado a
partir de estadísticas y se
modula en función de la
personalidad.

Escala de evaluación de acontecimientos en la vida

(Thomas H. Holmes y Richard H. Rahe◆)

Defunción de la pareja 100
Divorcio 73
Separación 65
Encarcelación 63
Defunción de un pariente cercano 63
Heridas o enfermedad 53
Boda 50
Pérdida de empleo 47
Reconciliación con la pareja 45
Jubilación 45
Alteración del estado de salud de un miembro de la familia 44
Embarazo 40
Disfunciones sexuales 39
Advenimiento de un nuevo miembro de la familia 39
Reestructuración de la vida profesional 39
Modificación de la situación financiera 38
Muerte de un amigo cercano 37
Cambio de estudios 36
Aumento de las discusiones con la pareja 35
Hipoteca o deuda superior a un año de sueldo 31
Cambios de responsabilidad profesional 30
Vencimiento de un préstamo o de una hipoteca 30
Emancipación de uno de los hijos 29
Éxitos personales importantes 28
Problemas con los suegros 29
Inicio o finalización del empleo de la pareja 26
Primer o último año de estudios 26
Cambio en las condiciones de vida 25
Revisión de hábitos personales 24
Alteración de las horas y de las condiciones laborales 20
Mudanza 20
Cambio de escuela 20
Cambio de aficiones 19
Modificación de actividad religiosa 19
Modificación de actividades sociales 18
Hipoteca o deuda inferior a un año de sueldo 17
Alteración de los hábitos del sueño 16
Cambio en la cantidad de reuniones familiares 15
Cambio de hábitos alimentarios 15
Vacaciones 12
Navidad 12
Infracciones leves de la ley 11

EJERCICIO

1. Repita el ejercicio de la página 19 pero con un proyecto que se haya cumplido.
2. Compare ambos resultados.

Todas estas actitudes son frenos que explican por qué su idea se quedó en proyecto. Pero ¿deseaba realmente realizar aquel proyecto? En ambos casos ha pretendido realizar un cambio. En el primero su reacción ha sido «la de esconder la cabeza bajo la tierra», no se ha podido resistir, ha escogido la huida. En el segundo caso ha decidido conseguirlo y su estrés, convertido en algo positivo, le ha permitido luchar. El estrés, que ha sido proporcional al grado de novedad, ha sido positivo en un caso –se trata del *eustrés*– y en el otro ha sido negativo –es el denominado *distrés*.

EJERCICIO

Lea la escala de la página de al lado y anote los puntos relacionados con los acontecimientos que ha vivido en los últimos seis meses.

Si ha acumulado cambios que superan los 150 puntos, su estado de ánimo puede incluso perjudicar a su organismo. Seguramente será difícil cuando se trate de motivarse por algo o si trata de iniciar un proyecto. La primera motivación debe consistir en regular todo aquello que le preocupa. Tome el máximo impulso y busque ayuda en su entorno o a través de médicos especialistas en caso de que crea que no saldrá del atolladero. Querer realizar este paso ya es síntoma de motivación.

POR FALTA DE REALISMO
Cada individuo mantiene una relación diferente con la motivación
Cada uno de nosotros tiene su propio carácter y ya, desde nuestra infancia, estamos condicionados de un modo diferente.
En consecuencia, la motivación forma parte del campo afectivo del individuo. Para Daniel Goleman «el temperamento es el conjunto de disposiciones que caracterizan nuestra vida afectiva. El temperamento se origina desde el nacimiento».

Jérome Kagan, eminente especialista de la Universidad de Harvard en psicología infantil, identificó cuatro temperamentos básicos: el tímido, el intrépido, el optimista y el melancólico. Según a qué categoría se pertenezca, se tiene más o menos facilidad para acceder a la motivación. La tendencia que tomará nuestro carácter se origina durante nuestro primer año de vida, hecho que hace suponer que está genéticamente determinada. Aun así, esto no quiere decir que exista una «fatalidad». No hay que caer en lo fácil y afirmar: «Yo soy así, no puedo hacer nada.»

Efectivamente, todos somos diferentes de los demás, y conscientes de ello. Más adelante aprenderá a conocerse y a saber adaptar su propio potencial a lo que desea y a lo que puede realizar. No pierda de vista el hecho de que se convertirá en alguien feliz cuando haya alcanzado sus objetivos; por ello, sea realista cuando trate de definirlos. Es inútil que pretenda tener una mansión en Hollywood y un yate de 18 metros de eslora atracado en el puerto si su sueldo es de 10,500 pesos al mes. Este sueño sólo lo podrá alcanzar si tiene a su disposición los medios para mejorar su situación. La falta de realismo a la hora de valorar sus capacidades puede hacer de usted una persona infeliz. La felicidad es personal, por ello cada uno tiene sus necesidades y motivaciones.

En la vida tenemos ambiciones diferentes. Éstas están condicionadas por nuestra manera de vivir y el modo de verla, nuestro carácter, temperamento y valores.

Estar motivado y conseguir lo que queremos significa que conocemos cuál es nuestro punto de partida y que sabemos cuál es la meta que queremos alcanzar. El camino que tomaremos puede que no sea el más corto, seguramente deberemos hacer algún reajuste a lo largo del viaje, igual que el marinero o el piloto, que corrigen constantemente su rumbo.

No tenemos en cuenta el factor tiempo

Lucía no es objetiva ni realista. Es como una niña caprichosa que lo quiere todo y al momento. Se obceca de tal modo que pierde toda su

EJEMPLO: LUCÍA NO SE ACEPTA

Lucía no se acepta a sí misma. Cree que está demasiado gorda y se pasa la vida haciendo dieta. Quiere perder 10 kilos en un mes. No come casi nada y acaba por ponerse enferma. Pasa de hacer dieta a un estado de bulimia o de una dieta a una depresión.
Lucía no se siente feliz. ■

objetividad para poder adelgazar. Sueña con perder 10 kilos en un mes y se toma los sueños como si fueran realidad. Se desmotiva. Es como si alguien que acaba de aprender a jugar al tenis quisiera ganar el torneo Roland-Garros el año siguiente.

Nos desmotivamos porque tenemos demasiada prisa. Queremos resultados inmediatos porque estamos influidos por la sociedad, que nos exige el triunfo con apremio. Nos identificamos con modelos (en el caso de Lucía, las *top models*) y creemos que para dichos modelos es fácil. Creemos que sólo les basta querer para poder. Nuestro entorno y nuestra cultura no nos han enseñado a ser pacientes. Hemos olvidado que la espera forma parte del placer. ¿Qué valor tiene un resultado que no hemos deseado y que hemos conseguido fácilmente si lo comparamos con el valor que tiene un resultado obtenido con paciencia y perseverancia? No se trata tampoco de tener que sufrir para alcanzar lo que merecemos. ¡No seamos tampoco tan masoquistas! Simplemente debemos poner a prueba el realismo, pues nuestra desmotivación puede originarse por el hecho de que hemos querido ir demasiado rápido sin tener en cuenta nuestras capacidades, nuestro temperamento, los medios de que disponemos, nuestro entorno y nuestra resistencia al cambio.

Si retomamos la historia de Lucía, comprenderemos bien que ella no ha tenido en cuenta distintos factores. ¿Está realmente tan gorda? ¿Cuáles son sus criterios de evaluación? ¿Ha planificado racionalmente la pérdida de peso que pretende?

• ¿En qué medida el tiempo ejerce un efecto en la desmotivación?

Ilustremos esta idea con el ejemplo de la vida en pareja.

El amor nos lleva a hacer muchas cosas y nos hace implicarnos en la vida. Pensamos al principio que aquellos que expresan reticencias sobre la perdurabilidad de nuestra vida en pareja se equivocan. «No saben lo que es el amor.» Y, sin embargo, pasados los primeros años, la vida cotidiana nos devuelve a la realidad y nos obliga a ser más realistas respecto a nuestra vida en pareja. A veces se llega al divorcio. En cualquier caso, son pocas las parejas que no necesitan hacer una revisión. La motivación hay que trabajarla cada mañana cuando nos levantamos y todas las noches al acostarnos.

Entonces, ¿qué es mejor, un matrimonio por amor o un matrimonio de conveniencia? Cuando estamos con nuestra pareja tenemos los ingredientes necesarios para obtener lo que queremos y debemos despertarnos todos los días con el deseo de seguir con la motivación necesaria para permanecer juntos y progresar.

• ¿Con quién nos identificamos?

Siempre, de un modo consciente o no, tratamos de identificarnos con los modelos que hemos conocido o que ya conocemos. Admiramos a nuestro abuelo que, partiendo de cero, consiguió dejar una pequeña fortuna a su familia. La madre que se ocupa totalmente de la educación de los hijos, el tío que ha decidido emprender una nueva vida, el primo que tiene éxito y gana mucho dinero, el amigo de la familia que ha dedicado toda su vida a cuidar de los desfavorecidos en los lugares más necesitados, el compañero de nuestros padres que ha dado la vuelta al mundo en vela o en bicicleta. Admiramos, a los deportistas de alto nivel, a los intelectuales, a los modelos, a los políticos, etcétera. Vivimos con su imagen y nos vemos empequeñecidos ante ellos, pues son para nosotros algo fuera de lo común. Es entonces cuando nos preguntamos por qué ellos sí y nosotros no. ¿Qué tienen ellos que no tengamos nosotros? ¿Por qué han tenido tanta suerte y nosotros no? Pero, ¿se trata realmente de suerte?

EJEMPLO: EDUARDO HA PERDIDO SU MOTIVACIÓN

Eduardo juega al fútbol desde que tenía cinco años, se sabe de memoria la vida de los grandes futbolistas y sueña con ser el futuro Pelé, Beckham o Ronaldinho. Juega bien al fútbol pero no tiene las cualidades necesarias para triunfar en este deporte. Tiene una complexión débil y se lesiona con facilidad. A los 16 años, y con el consentimiento de sus padres, que no saben cómo decirle que no, entró a formar parte de una agrupación deportiva en la especialidad de fútbol. A los 25 años y después de mucho esfuerzo, fichó por un equipo de segunda división. Estaba contento.

Cobraba el sueldo mínimo interprofesional y se veía en lo más alto. Durante la primera temporada el equipo consiguió a duras penas mantener la categoría. Al final de la temporada los equipos prestigiosos contrataron a los mejores jugadores. Pero no contrataron a Eduardo. Al cabo de tres temporadas, el club terminó en una mala posición y no pudo pagar a sus jugadores. Eduardo tiene ya 28 años, está desempleado, no tiene otra competencia profesional que jugar al fútbol y ahora no sabe qué hacer con su vida. ■

Eduardo estaba motivado y sin embargo ha fracasado. Le ha faltado realismo respecto a sus ambiciones. Él y sus padres pensaron que sólo bastaba con decir: «Querer es poder.» De niño deberían haberlo orientado adultos capaces de ayudarle a reflexionar sobre sus posibilidades de éxito, sobre su predisposición a conseguir lo que pretendiera a lo largo de su vida. Eduardo se siente engañado, embaucado por él mismo y por los demás. Sus padres no han tenido el coraje de advertirle, probablemente porque ellos también creyeron en el sueño. Ahora Eduardo ha perdido su motivación.

EJERCICIO

1. Piense en un personaje por el que siente una gran admiración y al que le gustaría parecerse.
2. Anote lo que realmente le gusta de esta persona.

3. Clasifique lo que ha anotado en las siguientes categorías:
- Situación
- Hechos y gestos
- Apariencia
- Cualidades
- Puntos fuertes y capacidades

4. Haga lo mismo con aquello que no le gusta de dicha persona. Sea objetivo.
5. Relacione lo que ha ido encontrando con lo que sabe de sí mismo. ¿Tiene las características necesarias para hacer lo mismo que esa persona?
6. Extraiga de dicho análisis lo que busca y pregúntese si es realista.

Es más conveniente averiguar por qué nuestros modelos nos fascinan que intentar parecernos a ellos. Analizar objetivamente las razones por las que los admiramos nos puede ayudar a comprendernos a nosotros mismos. Admiramos en los demás aquello que no sabemos hacer o que hacemos mal y que en el fondo nos gustaría hacer bien. ¿Tenemos realmente a nuestra disposición los medios para parecernos a ellos? No deberíamos olvidar que aquello que hace que un individuo sea original es precisamente su propia diferencia. Si retomamos el ejemplo de Lucía, podemos suponer que le gustaría parecerse a Claudia Schiffer. Pero ¿sería capaz de soportar el ritmo de vida de las modelos profesionales? ¿Quiere sacrificar su vida (por ejemplo, la posibilidad de criar a sus hijos)? ¿Es capaz de estar sonriendo y de buen humor simplemente para complacer a los demás?

Conserve sus sueños, continúe admirando a sus modelos, pero hágalo con realismo. No trate de imitar lo que no puede, sólo lo que sea capaz de asumir. En el hecho de ser único reside su fortaleza.

Si obtiene más de ocho respuestas afirmativas en el cuadro de arriba, pregúntese honestamente si realmente se siente bien acompañado y bien aconsejado. ¿Por qué ha decidido estar con esa persona? ¿Se reconoce en ella? Probablemente su pareja le ofrece seguridad y le confirma en su inmovilismo. Ella permanecerá estancada como usted y no le ayudará a avanzar. En ese caso agarre el toro por los cuernos, dele la espalda o hágala evolucionar, ábrale los ojos y ayúdense a avanzar por «el camino de la motivación». En lugar de buscar el porqué y quién es el responsable de todas sus desgracias, reflexione sobre lo que quiere.

¿POR QUÉ SEGUIMOS DESMOTIVADOS?

2

POR EL AISLAMIENTO

Numerosos teóricos sugieren que el individuo puede desarrollar su motivación para acercarse a los demás y que ésta es la razón por la cual permanece vinculado emocionalmente a las personas que lo han marcado a lo largo de su vida. Sin embargo, este vínculo no debe impedir el desarrollo de la autonomía, lo que puede ocurrir cuando se establece una dependencia. Esta tesis refuerza la idea que se ha explicado anteriormente sobre las diferentes relaciones que cada uno de nosotros mantiene con la motivación, a lo que se puede añadir que no disponemos de las mismas bases para acercarnos a los demás.

En función de la educación que hayamos recibido, tendremos más o menos tendencia a aislarnos. Además, la atmósfera que los demás crean a nuestro alrededor tiene un impacto sobre nuestra motivación y contribuye a reforzar o a disminuir nuestro aislamiento. Por ello, la figura de los padres desempeña un papel esencial en la educación de la motivación.

Los hijos cuyos padres les conceden un nivel óptimo de autonomía para su edad y sus aptitudes tienen más capacidad de autodeterminación respecto a su motivación relacional y están más vinculados afectivamente a sus padres.

LA CAPACIDAD DE ESCOGER EN NUESTRAS RELACIONES DEPENDE DE LA CONFIANZA Y DE LA AUTONOMÍA QUE NOS DEN DESDE UN PRINCIPIO LOS PADRES.

¿Crees que Martina sólo tiene suerte?

De hecho, Martina, una de las protagonistas del ejemplo de la página siguiente, ha sabido crear un ambiente de confianza en torno a sus hijos, ha sabido desarrollar su autonomía. En el parque, como en otros lugares, empiezan a ser responsables de sus actos. Paula y María, angustiadas o despreocupadas, se quejan de la inestabilidad de sus hijos, de lo que les cuesta ser responsables y de que sólo hacen lo que les da la gana. «En lo único que piensan es en hacer tonterías.»

María, Paula y Martina son tres madres de familia. Cada una tiene dos hijos de tres y cinco años de edad, respectivamente. Son amigas y suelen reunirse los miércoles por la tarde en el parque.

María es incapaz de mantener una conversación fluida con sus dos amigas, se pasa todo el tiempo observando lo que hacen sus hijos, los llama para decirles que tengan cuidado, para que vean dónde está ella, para decirles que los quiere, que son guapos, que se pongan una chamarra, un gorro, que no se ensucien. En fin, está constantemente pendiente de ellos, angustiada y estresada.

Paula parte del principio de que ella también va al parque para disfrutar y charlar con sus amigas, y que, al fin y al cabo, el parque es un lugar cerrado, sus hijos no corren peligro, no pueden ir muy lejos y si tienen hambre o frío ya lo dirán. Si se pelean con otros niños, que se espabilen. Ella les da libertad. Le cuesta entender a María y la encuentra demasiado indulgente.

Martina, nada más llegar al parque, explica a sus hijos lo que pueden y lo que no pueden hacer, les enseña el lugar donde está sentada con las otras madres y les dice que ya los llamará para merendar. Mientras habla con sus amigas, los vigila discretamente, sin decir nada.

Los hijos de María son odiosos y no escuchan a su madre. Los hijos de Paula están ausentes, es difícil comunicarse con ellos, son salvajes.

Los hijos de Martina son «fáciles» según sus dos amigas. «Qué suerte tienes...», le dicen. ■

UN AMBIENTE DE CONFIANZA Y DE APOYO QUE PERMITA LA AUTONOMÍA CONLLEVA UNA MOTIVACIÓN «AUTODETERMINADA» EN LA RELACIÓN CON LOS DEMÁS, LO QUE SIGNIFICA QUE SE ELIGE EL ACERCAMIENTO DE UNA MANERA CONSCIENTE.

Si los padres o los tutores no sienten ninguna motivación, se muestran indiferentes o les dejan demasiada libertad, los niños los evitan, ya que lo que buscan en su entorno más inmediato son estímulos.

Por el contrario, si están presentes y establecen unos límites, los niños reaccionan afirmando su autonomía.

Factores limitadores, inhibidores y de aislamiento

Como se ve, las influencias que experimentamos en nuestra infancia son decisivas para el desarrollo de nuestra personalidad y tienen consecuencias sobre nuestra facilidad para motivarnos.

Tanto nuestra educación como el tipo de frases que intercambiamos con los demás contribuyen a encerrarnos en nuestro aislamiento o, por el contrario, a facilitar nuestra apertura al mundo y a los otros.

Analice el efecto que tendría sobre usted la siguiente expresión repetida por su jefe: «¡Otra vez tú!» Esta frase solamente puede provocar

EJERCICIO
- Haga una lista con las expresiones que no le gusta escuchar.
Después piense en la frase «no hagas a los demás lo que no deseas que te hagan a ti».
- Imagine el efecto que le provocarían estas expresiones.

una reacción mental negativa que hará que uno se encierre en sí mismo. Se siente desmotivado pues no ve cómo puede llevar a buen puerto los proyectos que comparte con alguien que no demuestra la más mínima consideración hacia su persona.

Los factores inhibidores o limitadores son palabras, expresiones o reflexiones negativas, hirientes o agresivas. A menudo, estas manifestaciones del lenguaje son espontáneas y están expresadas en un tono de reproche seco, cortante.

Ejemplos de frases que hay que evitar:

- ¡Aún no has terminado!
- ¡Otra vez con retraso!
- ¡Eso es todo lo que has hecho!
- ¡Lo podrías haber hecho mejor!

EJEMPLO: LEO LLEGA A LA CONCLUSIÓN DE QUE SE ESFUERZA PARA NADA

Leo tiene 10 años. Como todos los niños de su edad, va al colegio. Prefiere sentarse al final de la clase, al lado del calefactor, que ante la mesa del profesor. Por lo tanto, Leo saca a menudo malas calificaciones. A pesar de todas las artimañas que utiliza para que sus padres no se enteren, éstos lo regañan constantemente. Esta vez sabe que ha ido demasiado lejos: sus padres le han prohibido jugar todos los partidos de rugby que quedan hasta el final de la temporada. Pobre Leo, es el capitán del equipo y además le encanta el rugby. Entonces piensa que quizá si saca buenas calificaciones durante 15 días sus padres cambiarán de opinión. Leo se pone a trabajar. Saca un notable en matemáticas, cuando normalmente sacaba un insuficiente o un suficiente en sus mejores días. Orgulloso, llega a casa y le da la noticia a su madre. Ella le responde: «¡Es lo normal!» Su padre está sentado delante del televisor mirando un partido de fútbol y ni siquiera le escucha. Leo no se desanima y durante otros 15 días saca buenas calificaciones. Su madre no hace ningún comentario y su padre se burla de él. Cuando no hacía nada, piensa Leo, se interesaban por mí, me regañaban, pero al menos les importaba. Ahora que estudio, no me hacen ni caso. ■

EJERCICIO
Busque los factores inhibidores o limitadores en la historia de Leo.
Explique por qué lo son.

Leo es un holgazán, pero seguramente tiene algún motivo para serlo. La prueba está en que cuando se lo propone obtiene buenos resultados. Y sus padres siempre están listos para regañarlo pero nunca para animarlo. El hecho de no decir nada cuando Leo obtiene buenos resultados, o

EJERCICIO

1. Recuerde la última vez en la que se sintió agredido, en la que sufrió este fenómeno de factores inhibidores. ¿Qué sintió? ¿Tuvo ganas de continuar? ¿Estaba desmotivado?

2. Piense en la última vez que utilizó factores inhibidores dirigidos a sus interlocutores. Imagine lo que sintieron. Y usted ¿qué sintió?

lo que es aún peor, pensar que es normal y no recompensar su esfuerzo, da motivos a Leo para volver a su estado anterior. Él ha encontrado una motivación para sacar buenas calificaciones: el partido de rugby. Esta motivación la ha encontrado solo. Pero no sabe cómo iniciar su proyecto porque sus padres, que no lo han sabido entender, se lo han bloqueado. ¿Qué hará entonces Leo? Se aislará, se encerrará en su mundo junto a sus padres. Levantará barreras entre sus dos universos. Cree que a sus padres les importa poco lo que le guste a él. Como no despierta interés en sus padres, Leo se siente solo, **aislado♦**, desmotivado.

♦ Aislamiento sensorial: privación de cualquier estímulo proveniente del mundo exterior.

Reconocimiento y aislamiento

Si completamos el análisis de la historia de Leo, podemos decir que lo que está buscando es el reconocimiento. Prefiere obtener un reconocimiento negativo a la indiferencia.

Del mismo modo que necesitamos autonomía, también necesitamos reconocimiento para poder vivir. Necesitamos sentir que existimos. Se ha demostrado que un lactante que no recibe la atención necesaria durante un período de tiempo prolongado no puede desarrollarse de manera satisfactoria y acaba enfermando. De la misma manera, una persona descuidada puede volverse fea.

• El análisis transaccional

El análisis transaccional, creado por Eric Berne en Estados Unidos en la década de 1950, es una herramienta de comunicación.

La comunicación con los demás está hecha de simulaciones o *strokes*♦ (término propio del análisis transaccional) que pueden ser negativos o positivos, y que son indispensables para nuestro desarrollo.

Según Eric Berne, no podemos vivir sin *strokes*. Preferimos recibir *strokes* negativos que no recibir nada.

Los *strokes* responden a un grito consciente o inconsciente: «Existo, dímelo, quiéreme u ódiame, pero hazme sentir que estoy vivo, que te intereso. ¿De qué sirven mis motivaciones si no te interesan?»

♦ *Strokes: estímulos que nos dirigimos durante la comunicación. Pueden ser verbales o no verbales, positivos o negativos, y podemos aceptarlos o rechazarlos, pedirlos o darlos.*

EJEMPLOS DE *STROKES*			
Stroke positivo «Tu traje es precioso»		**Stroke negativo** «Realmente tienes mala cara»	
Respuesta si el *stroke* es	Consecuencias en la motivación.	Respuesta si el *stroke* es	Consecuencias en la motivación.
Aceptado «Gracias, me encanta»	Positivo.	Aceptado «No me encuentro muy bien»	Tengo motivos para estar desmotivado/a. Vuelvo a mi casa. Me aíslo.
Rechazado «¿Tú crees? A mí no me gusta»	Aislamiento. Nadie me entiende. Desmotivación.	Rechazado «Gracias, vuelvo de las vacaciones»	Qué imbécil. Él/ella no vale nada. Me alejo de él/ella.
Ofrecido «Tu corbata también me gusta mucho»	Positivo para los dos interlocutores.	Ofrecido «Tú también pareces cansado»	No tengo ganas de estar solo/a, seamos solidarios. Esto nos ayudará a avanzar.
Pedido «Gracias, ¿no crees que el color me queda bien?»	Tiene necesidad de estar seguro.	Pedido «¿Ah, sí? ¿Tengo mala cara?»	Él/ella tiene razón, no puedo hacer lo que tenía previsto para hoy.

Julieta tiene 20 años, es tímida y más bien guapa; le gustaría ser actriz. Esta mañana se siente bien ya que se va a presentar a un *casting* para hacer de extra en una película que se rodará en su ciudad. A sus amigas les costó mucho convencerla para que se presentase. Efectivamente, Julieta no está muy segura de sí misma y necesita constantemente la aprobación de los demás sobre sus capacidades, su físico, etcétera.

Cuando sale de su casa, muy convencida, se encuentra con Alejandro, un viejo amigo al que hacía dos meses que no veía. «Hola, Julieta, qué alegría verte. Oye, ¿no estás un poco cansada? Tienes mala cara...», le dice Alejandro. Julieta asiente y charla cinco minutos con Alejandro, que tiene prisa.

No sabe por qué pero de repente se siente cansada. Todo su buen humor y su seguridad han desaparecido después de hablar con Alejandro. Llega al lugar del *casting* pero le cuesta sonreír y se queda sola en un rincón. No ha causado buena impresión y le dan las gracias por haberse presentado.

Decepcionada, afligida, regresa a casa y se encierra en su habitación. ■

EJERCICIO
Piense en las últimas muestras de reconocimiento que haya recibido y que haya dado:
1. ¿Fueron aceptadas, rechazadas, pedidas u ofrecidas?
2. ¿Qué consecuencias tuvieron en su motivación y en la de aquel o aquellos que las recibieron?

EJERCICIO Evaluemos la tendencia a dar y a recibir *strokes*
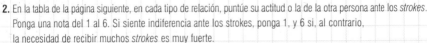
1. Elija una persona que le parezca desmotivada. Usted o alguien que conozca.
2. En la tabla de la página siguiente, en cada tipo de relación, puntúe su actitud o la de la otra persona ante los *strokes*. Ponga una nota del 1 al 6. Si siente indiferencia ante los strokes, ponga 1, y 6 si, al contrario, la necesidad de recibir muchos *strokes* es muy fuerte.
3. Haga el recuento total de las notas obtenidas en cada línea.
4. Compare los resultados obtenidos. Cuanta más puntuación tenga, más se manifiesta la actitud correspondiente.
5. ¿Qué reflexiones le inspiran estos resultados en relación con el nivel de aislamiento de la persona a quien hace referencia?

Antes de ir al *casting*, Julieta salió de su aislamiento. Buscó en los otros señales de reconocimiento que le dieran fuerza para vencer su timidez y poder presentarse al *casting*. Motivada, animada, sale sin demasiada preocupación. Y entonces... ¡zas! Alejandro, sin darse cuenta del impacto negativo de sus palabras, lo echa todo a perder.

Julieta se aísla, se encierra en sí misma y olvida su motivación inicial.

Relación con Evaluación *strokes* (del 1 al 6)	Superior jerárquico	Compañero de trabajo	Amigos cercanos	Familia	Total
Necesidad de recibir *strokes*					
Lo que recibo en *strokes*					
Lo que doy en *strokes*					
Acepto los *strokes*					
Rechazo los *strokes*					
Pido *strokes*					

EJEMPLO: ANA, ¿CANSANCIO O DESMOTIVACIÓN?

Ana es una joven de 35 años, casada y madre de tres hijos. Dejó de trabajar cuando nació el segundo, hace siete años, para ocuparse de la educación de sus hijos. Ahora Pablo, el más pequeño, tiene tres años y medio y va a la escuela. Ana echa de menos aquellos años en que era una joven directiva de un importante banco, cuando hacía maravillas con los pañales, con su marido y su trabajo.

Ayer por la noche tuvo otra discusión con Francisco, su marido, sobre este tema. Francisco se da cuenta de que su mujer no está bien. No duerme, no come y ha adelgazado mucho. Desde hace seis meses habrán hecho el amor unas cinco veces y porque Francisco ha insistido. Él no puede hacerle el más mínimo comentario ya que Ana se enfurece.

Francisco desea que ella vuelva a trabajar. Está convencido de que Ana lo necesita. Cuando Francisco o algún amigo sacan el tema, Ana responde: «Pero si yo soy muy feliz. Me ocupo de mis hijos, ellos me necesitan. ¿Cómo podría trabajar con tres hijos? Ahora que el más pequeño ya va al colegio, tengo más tiempo para mí. Mis hijos necesitan a su madre en casa, no soportarían...» La última vez que Ana dijo esto, Berta, una amiga, le respondió: «Qué bien, ¿entonces habrás retomado la danza? Y además, tú ibas a la peluquería a menudo, ahora que van todos al colegio habrás podido volver a tus antiguas costumbres.»

Ana fue a la peluquería hace tres meses y pensó en volver a las clases de danza, pero aún no ha tenido tiempo para ello. ∎

POR LAS CONSECUENCIAS SOBRE NUESTRO ESTADO DE SALUD

¿Qué le pasa a Ana? ¿Qué efectos tiene su estado actual en su salud? ¿Qué puede pasar si no se recupera? Está totalmente desmotivada. ¿Es la desmotivación la que produce consecuencias en su salud o es el cansancio el que conlleva la desmotivación? Parece la historia del huevo y la gallina.

Ana padece insomnio, está al borde de la anorexia, últimamente se muestra agresiva y no tiene ganas de hacer el amor. Tiene miedo de cambiar su estilo de vida. Cuando se habla del tema, se enoja. Si no encuentra el modo de salir de esta situación puede caer, dado su estado de debilidad, en una verdadera crisis nerviosa y contraer diversas enfermedades. Podría perder a su marido, el cual, cansado, buscaría fuera lo que no encuentra en su propia casa. En cuanto a los hijos, por los que la madre ha hecho su elección, no pueden entender lo que pasa, y corren el peligro de quedar traumatizados al ver cómo ella se debilita y asistir a la separación de sus padres.

Algunas consecuencias de la desmotivación en la salud

- Ansiedad
- Insomnio
- Obesidad o anorexia nerviosa
- Disfunciones sexuales
- Agresividad
- Depresión

La utopía y el fracaso

«Esforzándonos por alcanzar lo inaccesible, haremos imposible aquello que era realizable.»

Robert Ardrey

♦ *Síndrome: conjunto de signos y de síntomas que caracterizan una enfermedad, una afección.*

El hecho de fijarnos un objetivo utópico crea una situación en la que nos sentimos impotentes e irresponsables respecto a lo que nos está pasando, puesto que no cuestionamos la naturaleza de nuestro proyecto. Este comportamiento puede tener consecuencias graves en nuestra salud mental y provocar **síndromes♦** que pueden necesitar psicoterapia.

EJEMPLO: AURELIO Y SU SUEÑO FRUSTRADO

Aurelio tiene 18 años, sueña con ser veterinario, es más de letras que de ciencias y le encantan los animales. Le gustaría curarlos. Reprueba el examen de acceso a la facultad de veterinaria. Este fracaso le causa apatía. De repente encuentra su vida banal y sin interés. No tiene ganas de hacer nada. Se reúne con gente que le propone, a modo de ayuda, que tome drogas para recobrar las sensaciones relacionadas con el placer. ■

Aurelio no cuestiona la naturaleza de su proyecto. Sin embargo, espera demasiado de sus capacidades. Esta es la razón por la que está completamente desmotivado. Se siente culpable porque le gustaría que su vida fuera ideal y cree que se aburre, que su vida no tiene ningún interés, que es insípida cuando debería ser alegre y estar repleta de experiencias.

El miedo y el fracaso

«Es preferible viajar con esperanza que llegar al destino.»

R. L. Stevenson

EJEMPLO: PENÉLOPE TIENE MIEDO AL FRACASO

Penélope estudia el primer curso de derecho. Tiene 23 años y ha fracasado sucesivamente en economía, filología e idiomas. Mañana tiene los exámenes de derecho.

Penélope es una joven responsable, estudiosa, que trabaja, que siempre estudia para los exámenes y que aparentemente es invencible. Y, sin embargo, fracasa... ■

Esta frase se aplica perfectamente a Penélope. Para ella y para las personas que se le parecen, lo que cuenta es viajar, no llegar. ¿Por qué algunas personas se las arreglan siempre para terminar fracasando cuando están a punto de alcanzar el éxito?

Cuando el proyecto es realista o accesible, el fracaso, inconscientemente, es voluntario o casi voluntario. Se debe a que tenemos miedo, miedo a lo desconocido, miedo al desencanto si alcanzamos el éxito. La motivación debe ser consciente y adaptarse en función de aquello que somos capaces de soportar y de aceptar. De lo contrario, no podremos llegar hasta el final y seremos unos eternos perdedores.

cambiar de comportamiento

¿TIENE CONFIANZA EN SÍ MISMO?

3

En el proceso de motivación y desmotivación, la idea que uno tiene de sí mismo y de los demás es primordial. Se pueden distinguir fácilmente a las personas motivadas de aquellas que no lo están por la forma en que hablan de ellas mismas o de los demás. La confianza en uno mismo y el interés que se despierta en los demás son dos factores que desempeñan un papel muy importante en la predisposición a motivarse o a desmotivarse.

LA CONFIANZA EN UNO MISMO

La confianza y la seguridad en uno mismo han sido objeto de estudio y tema principal de libros escritos por diferentes especialistas de renombre desde hace ya muchos años. Tener confianza en uno mismo es demostrar una gran seguridad, afrontar los riesgos con la garantía de obrar con la suficiente sensación de libertad y tener la voluntad de afirmarse sin temor ni agresividad.

Cuando no tenemos confianza en nosotros mismos, a menudo nos decimos a nosotros mismos (**estado interno♦**) o decimos a los demás (**estado revelado♦**):

♦ Estado interno: nos enfrentamos a nuestra soledad, somos nuestros únicos interlocutores.

♦ Estado revelado: se trata de compartir nuestro estado interno con los demás. Ya no somos nuestro único interlocutor, los demás nos escuchan.

- Soy demasiado tímido/a, no puedo ir...
- Tengo miedo, es demasiado difícil...
- No me atrevo a hacerlo...
- Nunca podré tomar la palabra...
- No vale la pena que vuelva a empezar...
- No estoy dotado/a...
- Lo haré peor que él/ella...
- Siempre me regañan...

Damos demasiada importancia a los mensajes que nos llegan del exterior o a la **influencia social**◆ que experimentamos:
- Si estuviera en tu lugar, yo lo dejaría, es demasiado difícil...
- No crees una empresa, es bastante arriesgado...
- No dejes que tus hijos vayan, no es un lugar seguro...
- No te obstines tanto...
- Aunque te guste, no sirves para este oficio...

Los dos tipos de mensaje, los interiores de tipo psicológico y los exteriores de influencia social, alteran considerablemente la confianza en uno mismo.

• La psicología y la desmotivación

Desde el siglo XIX, la psicología se ha caracterizado por ser el estudio científico del comportamiento y de los procesos mentales. Dentro de ella existen diferentes tendencias, como podemos ver en el esquema siguiente:

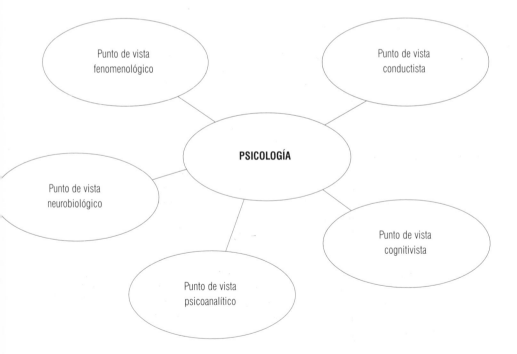

Una breve presentación de cada corriente le ayudará a orientarse en el estudio de la desmotivación:

- **Visión neurobiológica.** Consiste en hacer una especie de mapa de las localizaciones cerebrales y una teoría electroquímica del comportamiento.
- **Visión conductista.** Los conductistas sólo se ocupan de la parte del comportamiento que se puede observar. Estudian los estímulos externos y las respuestas que emite el individuo. El padre del conductismo es el psicólogo estadounidense J. B. Watson (1878-1958).
- **Visión cognitivista.** Los cognitivistas creen que el hombre es una gran central de manipulación de datos y que su comportamiento se explica esencialmente por la percepción y el tratamiento que da a la información que recibe. Su creador es M. Wertheimer (1880-1943), psicólogo estadounidense de origen alemán.
- **Visión psicoanalítica.** Para Freud y los psicoanalistas, el comportamiento se explica esencialmente a partir de procesos conflictivos inconscientes que se han construido progresivamente desde la infancia, en el momento del despertar de la sexualidad, en la relación entre padres/hijos o con el mundo exterior.
- **Visión fenomenológica.** Según estos psicólogos, la mejor manera de explicar el comportamiento de un individuo es conversar con él e intentar comprender sus motivaciones analizando los fenómenos tal como los percibe el individuo. Esta práctica se lleva a cabo mediante la entrevista clínica no directiva.

Todos estos puntos de vista son interesantes, específicos y a veces muy complejos. En este capítulo haremos referencia básicamente a las visiones conductista y cognitivista. Para estudiar los factores que originan la desmotivación, tendremos que recurrir a la psicología, ya que, como hemos concretado anteriormente, el estado interior o psicológico es tan importante como el contexto social en el que se desarrolla. Nuestro objetivo es analizar los elementos que causan la desmotivación, hacerlos accesibles a todos, y citar los diferentes procesos de investigación.

El complejo* de inferioridad

Cuando uno mismo se minusvalora sin cesar, minusvalora su trabajo profesional o doméstico, sus actividades culturales, deportivas o asociativas, o incluso su falta de actividad suele deberse a un estado interno de desmotivación. En ese estado, siempre se buscan mil excusas para los males. No se es feliz, ni se está orgulloso de uno mismo, pero a menudo

* Complejo: en el sentido más amplio, designa genéricamente un sentimiento de inferioridad.

Violeta es una joven estudiante que está en el primer curso de derecho. Desde que empezó la carrera ve que sus amigos salen, se divierten, encuentran pareja, sobre todo durante las vacaciones... Está un poco gruesa. Le encantan los dulces y come mucho, sobre todo cuando está sola en casa por la noche. Es consciente de ello, pero bueno... Es tan difícil dejar de comer o disminuir la cantidad.

El fin de semana, cuando regresa a casa de sus padres, les explica algunas anécdotas de la semana ironizando sobre sí misma, cada vez más desengañada, desgraciada y triste. Veamos un ejemplo de las cosas que dice:

«Ayer por la noche, Martín y Mario vinieron a verme. ¡No debían tener nada mejor que hacer para salir con un elefante como yo! No pude ofrecerles nada de beber. De todas maneras, tampoco creía que se fueran a quedar mucho rato, mi departamento no es confortable. Es oscuro y feo. Me propusieron ir a tomar algo. No tenía ganas de cambiarme y además no tengo ropa. Si me pongo una falda parezco una campana y con los pantalones parezco un pingüino. Además, nunca sé de qué hablar, no se me ocurre ni un chiste. De todas maneras, tampoco sé contarlos. En fin, preferí quedarme en casa, e hice bien, porque al día siguiente tuve un examen y aún me habría ido peor...» ∎

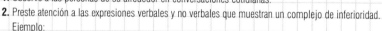

EJERCICIO
1. Observe a las personas de su alrededor en conversaciones cotidianas.
2. Preste atención a las expresiones verbales y no verbales que muestran un complejo de inferioridad.
   Ejemplo:
   Expresión verbal: «Yo no soy como tú, no sé contar chistes.»
   Expresiones no verbales: gestos, mímica, posturas que muestran un estado interno.
3. Hable consigo mismo y mírese.
4. Hágase las siguientes preguntas, en voz alta, y responda con franqueza:
   ¿Me desvalorizo? ¿Cuándo? ¿Cómo? ¿En presencia de quién? ¿A propósito de qué? ¿En relación a quién? ¿Por qué?

se prefiere ignorar la realidad. Entonces se desarrolla un complejo de inferioridad o de fracaso que alimenta la desmotivación.

¿Cómo se manifiesta el complejo de inferioridad? Para empezar se tiende a infravalorarse ante los demás. Se pierde la confianza en uno mismo porque se está convencido de no estar a la altura. Seguidamente, se recuerdan aquellas situaciones en las que uno se ha sentido ridículo y cree haber sido objeto de burla e incluso se llega a explicar y justificar la propia incompetencia de un modo casi general.

¿Es usted como Violeta? ¿Habla así de sí mismo? ¿Realmente cree que no interesa a nadie? ¿Cree que no tiene ningún tema de conversación que pueda interesar? ¿Piensa que no tiene encanto, que es feo, que no sirve para nada?

Gregorio tiene que organizar su fiesta de cumpleaños, pues él y sus amigos decidieron que cada uno celebraría una fiesta cuando cumpliera 50 años. Todos organizaron la suya: algunas muy originales, otras divertidas... Ahora le toca a Gregorio, pero cada vez tiene menos ganas. Su cumpleaños es en noviembre, estamos a finales de octubre y aún no ha decidido el día y ni mucho menos ha mandado las invitaciones. Los amigos lo comentan entre ellos y deciden que ha llegado el momento de espabilar a Gregorio. Deciden hablar con él. En un encuentro en el club de tenis, sacan el tema. Gregorio se siente agredido y responde: «Es verdad que habíamos decidido que cada uno celebraría su cumpleaños, pero yo soy el último y ya no tengo más ideas. El primero lo tuvo más fácil. Además qué interés tiene organizar la quinta fiesta si saldrá mal. Tengo mucho trabajo y no tengo tiempo para pensar. ¡No tengo ganas y ya está!» ∎

El complejo de fracaso

Es un complejo diferente al de inferioridad pero produce los mismos efectos en el ámbito de la confianza en uno mismo. En este caso, se está tan convencido de que cualquier iniciativa o intento de realizar una acción culminará en un fracaso que ni siquiera se intenta hacer nada. Aún más, se decide tirar la toalla ante la más mínima dificultad y se inventan diferentes excusas.

El verdadero motivo es que Gregorio tiene tanto miedo de hacerlo peor que sus amigos, que la simple idea de tener que prepararlo todo, de habilitar el cuarto de estar para 40 personas, de encontrar un servicio de banquetes, etc., le hace tirar la toalla. ¿Acaso usted también, como Gregorio, busca excusas para no realizar sus proyectos?

Complejo de exclusión

Frecuentemente se siente encerrado en un universo de principios, valores y creencias que le limitan. Usted mismo traza sus propias fronteras al

EJERCICIO
1. Observe a los demás.
   ¿Conoce a alguien de su entorno que haya desarrollado algún complejo relacionado con la práctica de algún deporte o de algún trabajo? ¿Qué dice dicha persona? ¿Cree que se analiza correctamente y de un modo objetivo o cree que busca excusas para no realizar tales actividades?
2. Obsérvese.
3. Escuche con atención sus diálogos internos y revelados. ¿Le afecta el complejo de fracaso? Cuando decide no hacer algo, ¿tiene explicaciones racionales, evidentes y lógicas que dar o es de los que buscan excusas?

> **TABLA RECAPITULATIVA Los tres tipos de generalizaciones**
> **1.** Generalización con connotación negativa: «A nadie le gustan mis pasteles», «Todo el mundo se ríe de mí...», «¡No hay derecho!»
> **2.** Generalización neutra: «Las personas cada vez son más altas.»
> **3.** Generalización positiva: «Todo el mundo necesita descansar», «A la gente le gusta arreglarse», «¡En todas las bodas hay sombreros preciosos!»

considerar, por ejemplo, el mundo, el entorno o los demás como elementos que *a priori* le son hostiles.

El complejo de exclusión puede desarrollarse desde una edad muy temprana. Por ejemplo, un niño que ha recibido una reprimenda del profesor en el colegio, cuando vuelva a casa dirá: «Los profesores están en mi contra.» O, si discute en el recreo con otro alumno, dirá: «Nadie quiere jugar conmigo.» Este sentimiento de rechazo es más fácil de atenuar y minimizar si el niño vive en un ambiente familiar afectuoso. En el adulto, un contexto de incertidumbre (por ejemplo, un divorcio no deseado, un despido...) podría provocar una falta de confianza en el amor, la amistad o en el reconocimiento de los otros.

Las generalizaciones con connotaciones negativas, del estilo «nadie me quiere», no siempre significan que la persona se excluya o se aísle de los demás, que se sienta rechazada. Sin embargo, tales generalizaciones son peligrosas ya que transforman la realidad, empeoran las situaciones,

> **EJERCICIO Las generalizaciones**
> **1.** Destaque las generalizaciones del texto que se presenta a continuación.
> **2.** ¿Qué consecuencias tiene la utilización de demasiadas generalizaciones?
>
> Judit detesta los viajes. Cree que la gente que viaja está loca. Hay guerras por todas partes. Ningún país es totalmente seguro. Los hoteles están llenos de cucarachas. Un desastre. ¿Por qué arriesgarse si todos los viernes por la noche puede ver su concurso favorito por la tele? A ella le encanta este concurso que, al contrario de la mayoría, tiene un presentador amable y agradable.

Códigos referenciales. En una situación de comunicación, cada uno de nosotros, sea emisor o receptor, posee sus propios códigos referenciales. Estos códigos se corresponden con nuestras creencias, con nuestros valores, con el sentido que damos a las palabras; han sido elaborados en el marco de nuestra educación, de nuestro entorno social y de las influencias que hemos recibido a lo largo de nuestra vida.

tienen incidencia sobre la «moral del grupo» y contribuyen a desanimar y a desmotivar inconscientemente.

Todos tendemos a generalizar. ¿Qué generalizamos? Normalmente aquello que menos nos conviene, que nos es menos favorable: una situación de fracaso o una situación desagradable, una humillación, un sentimiento negativo hacia una persona que nos molesta, que nos resulta irritante... Las generalizaciones con connotaciones negativas desarrollan, aumentan y acrecientan el complejo de exclusión. Al acentuar el complejo crean ese sentimiento de aislamiento que condiciona y desmotiva.

El complejo de culpabilidad

El complejo de culpabilidad está a menudo ligado a la educación y a los códigos referenciales adquiridos que, con el tiempo, se van perfilando en función de las diferentes experiencias vividas.

En el seno de la sociedad se han creado diferentes reglas y establecido **normas**✦ para vivir en armonía. La culpabilidad puede provenir del hecho de que nos cueste adaptarnos a esas normas. En tal caso, las normas se

✦ *Norma: del latín norma, «escuadra», «regla». Criterio o principio al que hace referencia cualquier juicio de valor moral o estético. Regla que se debe seguir o a la que deben ajustarse las conductas, tareas o actividades.*

EJEMPLO: ANA SE SIENTE ENCASILLADA

Ana no tiene confianza en sí misma. Nos explica el porqué: «Soy profesora de enseñanza primaria. Con los niños todo va muy bien. En clase están muy contentos. Aplico un método personal para enseñar a leer, escribir y para el cálculo. Quiero que aprendan por placer, no bajo presión, y todo pretexto es bueno para jugar. Jugar aprendiendo, claro está. Desde que he empezado a dar clases me he dado cuenta de que explicar las cosas de una manera lúdica provoca un mayor interés por la asignatura. Por ejemplo, se ha demostrado que el dominio de la lectura y el interés que ésta despierta ayudan a obtener excelentes resultados en otras asignaturas. El mejor ejemplo son las matemáticas, ya que entender bien el enunciado ayuda a resolver bien el problema. El problema está en las reuniones con los padres. Me ruborizo, tartamudeo, pierdo las facultades cuando tengo que explicar los juegos que organizo para que los niños adquieran ciertos conocimientos. Todos me miran con cara de sorpresa y parece que pongan en duda mis conocimientos, de modo que no me atrevo a hacer reuniones con los padres y entonces la directora me lo reprocha. Ella siempre me está juzgando. No puedo dejar de pensar que su reacción debe de ser lógica y normal y que mi método de enseñanza sólo tiene buenos resultados en mi imaginación porque me gusta. Lo mismo les pasa a los niños.» ■

convierten en un freno para la creatividad, la originalidad, la apertura, etc. Es decir, en un freno que impide tener confianza en uno mismo. ¿A menudo experimenta sentimientos de culpabilidad? ¿Cree que está encasillado por las reglas? ¿Se siente molesto, engañado, observado, analizado, juzgado? A lo mejor tiene complejo de culpabilidad.

¿Qué piensa de esta historia? ¿Ana tiene motivos para sentirse culpable? ¿Por qué se sonroja? ¿Por qué tartamudea? ¿Debe cambiar el método de enseñanza? ¿Qué efectos tendrá en su personalidad, en su confianza en ella misma o en su motivación si abandona?

El comportamiento culpabilizador de los padres hace que ella se sienta culpable lo que, añadido al comportamiento de la directora, puede llevarla a resignarse y a reconsiderar su método de enseñanza. El sentimiento de culpabilidad frena sus impulsos creativos. Está casi dispuesta a volver al método tradicional con el que, sin embargo, se sentiría **amotivada**◆.

◆ *Amotivación: ausencia de motivación que corresponde a la resignación. El individuo se desmotiva cuando no encuentra correspondencia entre sus actos y los resultados obtenidos.*

¿A menudo da usted la razón a aquellos que le rodean porque se siente culpable si no lo hace? ¿Tiene pensamientos del tipo: «Seguro que me estoy equivocando, tengo que ceder»? ¿Qué consecuencias tienen en su propia confianza y en su motivación todas esas normas que no le gustaría respetar porque le molestan, pero que en cualquier caso aplica?

LA AUTOESTIMA

• Análisis

Sume un punto por cada respuesta que se corresponda con un cuadrado y medio punto por cada triángulo. Puede obtener una puntuación comprendida entre 0 y 30 puntos.

EJERCICIO **Realice este ejercicio de evaluación sobre la autoestima**

	Sí	A veces	No
1. ¿Se siente capaz de realizar ciertas tareas o algún trabajo tan bien como cualquier otra persona?	■	▲	●
2. ¿Cree que tiene pocos motivos para estar satisfecho de sus actos?	●	▲	■
3. ¿Se considera a menudo como un fracasado?	●	▲	■
4. ¿Sufre algún complejo de inferioridad?	●	▲	■

	Sí	A veces	No
5. ¿Normalmente se siente seguro de sí mismo?	■	▲	●
6. ¿Desea a menudo ser una persona diferente a la que es?	●	▲	■
7. ¿Le asusta pensar que debe hablar en público?	●	▲	■
8. ¿Cambiaría muchas cosas de su personalidad si pudiera?	●	▲	■
9. ¿Tiene a menudo la sensación de que cae bien?	■	▲	●
10. ¿Cree que las decisiones que toma son las adecuadas?	■	▲	●
11. ¿Podría considerar que tiene una buena opinión de sí mismo?	■	▲	●
12. ¿Se avergüenza normalmente de sus actos?	●	▲	■
13. ¿Es de los que no les gusta ver fotos suyas porque no se ajustan a la realidad?	●	▲	■
14. ¿Sus familiares hacen que crea que no está a la altura de las circunstancias?	●	▲	■
15. ¿Le crea un problema grave que alguien lo critique?	●	▲	■
16. ¿Los demás tienen una buena opinión sobre usted?	■	▲	●
17. ¿Tiene tendencia a preguntarse sobre sus aptitudes personales?	●	▲	■
18. ¿Cuando los demás hablan bien de usted, le cuesta creer que están siendo realmente sinceros?	●	▲	■
19. ¿Se muerde usted la lengua antes de dar su opinión porque teme que los demás se burlen o lo critiquen?	●	▲	■
20. ¿Se muestra tímido o incómodo durante los actos sociales?	●	▲	■
21. ¿Suele sentirse inferior cuando le presentan a alguien?	●	▲	■
22. ¿En general, está convencido de que es capaz de hacer las cosas que realmente desea?	●	▲	■
23. ¿Está satisfecho con su aspecto físico?	■	▲	●
24. ¿Siente timidez ante las personas que no conoce demasiado porque piensa que no van a comprenderle?	●	▲	■
25. ¿Cree que es difícil comportarse de modo que se pueda conseguir la aceptación y el interés de los demás?	●	▲	■
26. ¿Le sorprende el hecho de que muchas veces crea estar mejor de lo que está?	●	▲	■
27. ¿Cree a veces que nunca consigue nada?	●	▲	■
28. ¿Duda habitualmente de sus capacidades sexuales?	●	▲	■
29. ¿Tiene amor propio?	■	▲	●
30. ¿Opina que su personalidad es atractiva para el sexo opuesto?	■	▲	●

Cuantos menos puntos obtenga, más baja es su autoestima. Usted se siente completamente frustrado y por ello vive en un estado de profunda ansiedad.

Si, por el contrario, su puntuación se acerca a 30 puntos, se siente tremendamente seguro de sí mismo y se valora. La puntuación que refleja un mayor equilibrio se sitúa entre los 15-20 puntos. Por encima, su confianza puede rozar la vanidad, y por debajo su imagen de sí mismo demasiado negativa.

Si se subestima o le falta objetividad para valorar sus capacidades, caerá rápidamente en una espiral de desmotivación.

* Eric Berne (1910-1970), fundador del análisis transaccional, de nacionalidad estadounidense y origen canadiense, fue psiquiatra y gran lector de Freud. El análisis transaccional proviene del movimiento de la psicología humanista de Carl Rogers y Abraham Maslow. El análisis transaccional es el estudio y la posterior conceptualización del lenguaje simple de los intercambios entre las personas en el marco de:
• La comunicación verbal.
• La comunicación no verbal.
• Los comportamientos.
• Los modos.

• Posicionarse ante la vida

Tener interés por uno mismo es intentar comprender nuestras actitudes y las de los demás; también supone esforzarse para ser objetivo en el concepto que tenemos de nosotros y de los otros. ¿Cómo se ve usted? ¿Cuáles son sus posiciones ante la vida?

Procedente del análisis transaccional, el concepto del posicionamiento ante la vida refleja la representación, la imagen que cada uno tiene de sí mismo, de los otros y de la existencia. **Eric Berne** ha clasificado estas posiciones existenciales en cuatro grandes grupos. El esquema muestra las principales influencias de las diferentes posiciones existenciales. Da puntos de referencia interesantes que permiten a cada uno situarse en función de sus relaciones con los demás. Es importante precisar que existen cuatro niveles de posiciones existenciales:

Nivel psicológico, nivel social, nivel condicional y nivel incondicional. Los ilustraremos con el ejemplo de Antonio.

El nivel psicológico es profundo, interno, arraigado e inconsciente. El nivel social es más visible y en general más consciente. En general, la

+ − (OK/no OK)	+ + (OK/OK)
Soy OK, tú no eres OK Postura arrogante o protectora Sentimiento de superioridad Tendencia a infravalorar al otro	Soy OK, tú eres OK Posición de vencedor en la vida Equilibrio de la relación Verdadero respeto y estima compartidos Intercambios ricos y armoniosos
− − (no OK/no OK)	− + (no OK/OK)
Postura desesperante de perdedor Desengañado de la vida Tendencia a la soledad y a la depresión En casos extremos, suicidio	Postura de sumiso y de víctima Sentimiento de inferioridad en relación con los demás Tendencia a minusvalorarse y a culpabilizarse

posición en la vida social + +, compensa una vida psicológica existencialmente mucho más difícil de asumir como la del modelo – +.
Este es el caso de la historia de Antonio, que se asemeja a la de muchas otras personas. Su posición existencial aparente es «tú estás OK y yo estoy OK». La psicológica es «tú estás OK y yo no estoy OK». Antonio no quiere que en sociedad nadie pueda descifrar su posición existencial. ¿Tiene razón? ¿Está equivocado? ¿Hacia dónde lo llevará esa actitud si esta situación perdura? De momento se muestra fuerte. ¿Podrá aguantar mucho tiempo? Son muchas las preguntas planteadas cuando se adopta una posición existencial en lo social diferente a la psicológica.
También se puede analizar esta historia eligiendo el nivel condicional y el incondicional de las posiciones existenciales.

• **La posición existencial condicional** depende del contexto exterior y es fluctuante. Según lo que haga, me siento + + (bien conmigo mismo) o – – (cansado, desesperado). Según lo que haga el otro, lo siento + + o – –.
• **La posición existencial incondicional** está anclada en uno mismo y estructura la personalidad. Es de orden psicológico.

En la historia, Antonio está en una posición existencial condicional. Este estado interno – + es nuevo para él. El peligro está en que si sus negocios no mejoran su posición existencial puede volverse incondicional. La posición existencial aparente + + dejará de existir y será psicológica y socialmente – +.

Antonio tiene 40 años y es dentista. Acaba de abrir un consultorio. Ha decidido empezar de cero ya que no se llevaba muy bien con su anterior socio. Antonio es una persona muy agradable. Es alegre, divertido, y hasta ahora siempre ha tenido éxito profesional y sentimental.

El inicio de su nuevo proyecto está siendo difícil, su tren de vida se ha visto enormemente reducido. Todos sus amigos y compañeros de profesión le han dicho que era una locura empezar de nuevo, ya que él tenía una clientela fija y un consultorio que funcionaba muy bien. Cuando se los encuentra les dice que todo va bien:

—Hola, Antonio, ¿cómo va tu nuevo consultorio? ¿Estás contento? ¿Funciona bien?

Antonio responde sonriente y relajado:

—Sí, sí, todo va muy bien. A los pacientes les encanta mi nuevo sillón, y mis instalaciones son muy modernas, lo que me permite trabajar de manera agradable y confortable. Todo va muy bien, te lo agradezco.

—¿Saldrás con nosotros esta noche? Vamos a probar el restaurante que acaban de abrir.

—Me gustaría pero no puedo; la próxima vez, ¿de acuerdo?

Antonio se va apenado. No sabe cuándo podrá ir, ya que últimamente no llega a fin de mes. Se avergüenza por sus amigos y por su mujer. Le preocupa su futuro. ¿Saldrá adelante tal y como había previsto? ¿Ha seguido el camino adecuado? ¿Hubiera tenido que seguir aguantando a su socio para que su familia pudiera seguir llevando el mismo tren de vida? ∎

+ – (OK/no OK)		+ + (OK/OK)	
Acusador	Orgulloso	Auténtico	Dinámico
Arrogante	Perseguidor	Comunicativo	Realizado
Autosatisfecho	Pretencioso	Confiado	Experimentado
Áspero	Protector	Consciente	Feliz
Colérico	Severo	Creativo	Alegre
Condescendiente	Superior	Relajado	Libre
Crítico	Susceptible	Disponible	Objetivo
Minusvalorado	Exigente	Lúcido	Abierto
Mala fe	Desconfiado	Optimista	Positivo
Despreciativo	Moralizador	Realista	

+ – (OK/no OK)		+ + (OK/OK)	
Solitario	Derrotista	Admirador	Conciliador
Dejado	Deprimido	Culpable	Demasiado amable
Desengañado	Desesperado	Amable	Vergonzoso
Cerrado	Rebelde	Humilde	Inferior
Cobarde	Quejumbroso	Influenciable	Inquieto
Irónico	Sarcástico	Ingenuo	Dadivoso
Débil	Pasivo	Laxista	Miedoso
Triste	Resignado	Servicial	Sumiso
Pesimista	Escéptico	Tímido	Seductor
Malpensado	Suicida	Víctima	Servil

Las dos posiciones existenciales – + y – – son el reflejo de una baja autoestima. Es en estas posiciones existenciales cuando se desarrollan las diferentes formas de complejos (inferioridad, fracaso, exclusión y culpabilidad) que son el origen de la desmotivación.

La posición + – también puede originar aislamiento. Si nos sobrestimamos, es posible que provoquemos en el otro una reacción de rechazo. De este modo se desarrolla un complejo de exclusión que conlleva la desmotivación.

LA PROYECCIÓN DE UNO MISMO EN EL FUTURO

Los proyectos representan el futuro y son un elemento esencial en la construcción de la motivación. El estudio del fundamento de la motivación desvela que ésta depende de nuestros sentimientos. Jean-François Decker habla de tres motivaciones fundamentales: el amor, la ira y el miedo, de las que se deriva gran número de emociones, que comprenden, entre otras, el disgusto y la tristeza.

Las motivaciones fundamentales son, de hecho, los sentimientos de base. Existen cuatro: la alegría, el miedo, la ira y la tristeza. Estos sentimientos están obligatoriamente relacionados con todas nuestras acciones, con nuestras reacciones y con la construcción de nuestros proyectos. A estos sentimientos de base se añaden cinco sentimientos mezclados, que se combinan con dos de los cuatro sentimientos de base:

Nuestras acciones y nuestras reacciones son el termómetro de nuestra motivación. Nuestros **sentimientos de base**, así como nuestros **sentimientos mezclados**, se convierten entonces en los frenos o en los motores de la elaboración de nuestro futuro y de nuestros proyectos. Cada una de nuestras acciones, incluso la más banal, está **motivada♦** por uno u otro de dichos sentimientos, ya que éstos son las únicas razones psicológicas fundamentales que nos empujan a actuar.

♦ *Motivación: 1. Conjunto de motivos que explican un acto. 2. Psicol. Factor consciente o inconsciente que incita al individuo para que actúe de un modo específico.*

SENTIMIENTOS MEZCLADOS	SENTIMIENTOS DE BASE IMPLICADOS
Vergüenza	Miedo y tristeza
Celos	Miedo a ser abandonado e ira
Envidia	Tristeza e ira
Culpabilidad	Miedo a desobedecer e ir contra la ley
Odio	Miedo del otro e ira contra uno mismo

El amor y los proyectos

Amor: sentimiento muy intenso, afecto que engloba la ternura y la atracción física entre dos personas.

Decir que se está motivado por el **amor•** significa que nos dejamos llevar de forma natural hacia lo que consideramos como bueno para nosotros y para nuestro entorno, hacia lo que amamos, deseamos, nos interesa y nos gusta. Esto es lo que provoca nuestra alegría y contribuye a crear nuestra intención de actuar.

El interés por motivarse consiste en sacar provecho de todo lo que nos gusta. En la vida nos pueden gustar muchas cosas y dentro del grupo de las cosas que nos gustan existe la posibilidad de obtener placeres y de dar placer a los demás.

1. Placer: estado que se crea en cada individuo tras la satisfacción de un hábito, una necesidad o un deseo.
2. Placer: aquello que gusta, aquello que ofrece a los individuos la satisfacción de un hábito, un deseo o una necesidad.

En el ejemplo de Amelia vemos cómo están presentes los dos aspectos de la noción de gustar. Amelia satisface a sus hijos con su presencia, con su disponibilidad, a través de la comida que les prepara, del cariño que les da, de la seguridad que les transmite y de la paz y el equilibrio que les proporciona. Además, está satisfecha cuando constata los resultados, es decir, cuando se cerciora de que gozan de buena salud, no tienen problemas en el colegio, están bien educados, son amables, etc. También le gusta pensar en su futuro de un modo sereno.

El deseo de **placer•** y de bienestar es el que nos hace avanzar.

Las historias de Amelia y de Claudia, tan diferentes, demuestran que el amor y la falta de amor pueden ser igualmente motivadores. En la

---

EJEMPLO: AMELIA SUPERA LOS INCONVENIENTES POR AMOR

Amelia tiene tres hijos: Fabio, Eduardo y Judit. Eduardo es asmático desde los tres meses y Judit tiene eccemas desde la misma edad. Amelia cura a sus hijos y se ocupa de ellos. Los ayuda a hacer la tarea del colegio, los acompaña al gimnasio, les hace comidas exquisitas. El día a día no es fácil, la **rutina•** diaria la deja agotada, pero siempre tiene una sonrisa en la boca y una gran paciencia que sólo el amor puede motivar. Desea que crezcan en armonía y que su futuro esté asegurado. ■

• Rutina: hábito de hacer las cosas siempre de la misma manera.

primera historia, Amelia está motivada. El amor que da a sus hijos le permite superarse día a día, no bajar la guardia e incluso aceptar la rutina. El amor hacia sus hijos le proporciona alegría interior, una satisfacción que se traduce en todos los cuidados que ella les ofrece. En la segunda historia, Claudia va a dejar a su marido porque la situación de desamor se transforma en el motor de la motivación para otra cosa. Ella también amplía la distancia que los separa. Entonces se vuelca en sus proyectos profesionales, los cuales le aportan satisfacción y placer, mientras que sus proyectos sentimentales, aún confusos, la hacen soñar (véase capítulo 5). Así, vemos cómo un sentimiento de malestar puede ser, al mismo tiempo, fuente de motivación y de desmotivación.

EJEMPLO: CLAUDIA NO CLAUDICA ANTE SU CRISIS SENTIMENTAL

Claudia, una amiga de Amelia, se casó hace cuatro años. En seguida, la pareja entró en crisis. Claudia no aguanta más a su marido, que siempre está de mal humor, se muestra agresivo sin motivo, es desagradable e incluso malintencionado con ella. Para compensar dicha situación, ella cada vez trabaja más, vuelve tarde a casa, va ascendiendo, mientras que su marido se queda en casa vegetando. Ella es plenamente consciente de que su comportamiento agrava la actitud de su marido. Éste cada vez tolera menos sus ausencias. Se vuelve irascible. Claudia finalmente se decide: se va a separar. Ya no lo quiere. Todo la lleva a dejarlo. Nunca ha estado tan motivada. Además, paralelamente, sus proyectos y su futuro han cambiado. Las oportunidades profesionales se multiplican y, además, ella todavía aspira a encontrar a su gran amor y a tener una vida de pareja plenamente satisfactoria. ∎

EJERCICIO

1. Cite todas las situaciones, los acontecimientos y las acciones en los que o durante los cuales se siente a gusto.
2. Explique todo lo que realiza para conseguir dicho bienestar.
3. ¿Qué puede deducir de todo ello?

Ejemplo:
1. Los partidos de tenis.
2. Entreno siempre, haga el tiempo que haga.
   Soy capaz de desplazarme 30 km para contar con un buen entrenador.
   Me cuido, vigilo lo que como y bebo.
3. El placer que siento cuando juego un partido y cuando gano me animan a seguir jugando.
   Privarme de otras cosas me cuesta poco porque tengo un objetivo.

El futuro y los proyectos son la base de estas dos historias. Ambas mujeres, a pesar de vivir dos situaciones muy distintas y de estar animadas por sentimientos diferentes, están tan motivadas que se han volcado en el futuro. Sus actos cotidianos alcanzan un significado pleno en el futuro, igual que los proyectos que planean.

La ira y los proyectos

EJEMPLO: VÍCTOR Y SU EXPLOSIÓN DE RABIA, PRIMERA VERSIÓN

Víctor tiene 30 años. Es jefe de ventas de una mediana empresa. Mientras leía el periódico ha visto que su empresa ha puesto un anuncio en la sección de ofertas de empleo. Buscan a un director comercial, de 35 años, con cinco años de experiencia... Víctor está furioso. Llega a la oficina y se cruza con uno de los directivos en el pasillo. Sin pensarlo dos veces se dirige hacia él y en un arranque de rabia le dice:

«He leído en el periódico de esta mañana que estás buscando un director comercial, es agradable enterarse por la prensa. Además, podrían contratar a alguien de dentro en lugar de ir a buscar fuera.»

El directivo le responde con una sonrisa y le dice: «Ya hablaremos, ahora no tengo tiempo.»

Víctor se enfurece. Tiene la impresión de que lo han timado. Lleva mucho tiempo trabajando como un loco para sacar adelante a este equipo de «miserables». Con lo que se ha esforzado para que las cifras del negocio cuadren... Si el jefe decide tener un director comercial, el puesto tendría que ser para él.

Durante toda la semana en la oficina, y por las noches, cuando llega a casa junto a su mujer, piensa lo mismo: «No es justo, no es normal.» En la oficina no hace nada. Está totalmente desmotivado. ■

EJEMPLO: VÍCTOR SE REPLANTEA LA SITUACIÓN, SEGUNDA VERSIÓN

Víctor tiene 30 años. Es jefe de ventas de una empresa mediana. Mientras leía el periódico ha visto que su empresa ha puesto un anuncio en la sección de ofertas de empleo. Buscan a un director comercial, de 35 años, con cinco años de experiencia... Víctor está furioso. No lo entiende. Llega a la oficina y se cruza con uno de los directivos en el pasillo. De la forma más natural posible le pregunta: «Disculpe, ¿tendría un momento para mí, hoy o mañana? Me gustaría poder hablar con usted de algunos proyectos que tengo en mente.» El directivo le sonríe y responde tranquilamente: «Dentro de una hora en mi despacho.»

Víctor se marcha a su despacho. Le vienen mil preguntas a la cabeza: «El anuncio en secreto, ¿es voluntario? Si lo es, ¿por qué? ¿Mi jefe está contento conmigo? ¿Estaré a la altura del puesto? Habrá cambios en la empresa, ¿no sería mejor buscar trabajo fuera? ¿He hecho suficientes propuestas de mejora del funcionamiento interno que puedan demostrar a mi jefe que sé tomar decisiones y que tengo iniciativa?»

Tiene una hora para preparar su entrevista, a pensar en una estrategia y fijarse un objetivo; no pierde ni un segundo y empieza a reflexionar... ■

Las dos versiones de Víctor demuestran dos comportamientos que desembocan en dos razonamientos diferentes. En ambos casos, la **ira**♦ es la causa de la motivación. En el primero, Víctor da vueltas de un lado a otro, constata una situación que no le gusta y mantiene su enojo. En ningún caso éste le permite considerar el futuro de manera constructiva. Da vueltas al asunto y se desmotiva. No se proyecta en absoluto hacia el futuro.

♦ *Ira: estado violento y pasajero como consecuencia del sentimiento de haber sido agredido u ofendido y que se traduce en reacciones agresivas.*

En el segundo caso, Víctor, por el contrario, contiene su ira e intenta comprender los motivos de su enojo. El anuncio provoca que se plantee las cosas. Le hace pensar en el futuro de otra manera. Lo motiva completamente, ya sea en su situación actual o en sus proyectos de futuro. La ira se revela, en este caso, como muy positiva y motivadora.

La tristeza y los proyectos

La pena, el abatimiento, el desánimo y la desesperación son emociones que pertenecen a la familia de la tristeza y que tienden a erradicar la motivación.

• El humor

«La proporción de amor, miedo, ira y tristeza que entra en la composición de nuestro carburante psíquico es lo que define lo que denominamos nuestro humor.»

El humor depende de determinantes inconscientes debidos a emociones pasadas. Está directamente ligado a los acontecimientos que experimentamos. La capacidad emocional de reacción o de sufrimiento condiciona nuestro humor.

Alfonso y Fátima son hermanos, se llevan 18 meses y sus respectivas bodas no los han distanciado. En una comida familiar, Fátima le propone a su hermano ir los cuatro juntos de viaje a la India. Cristina, la mujer de Alfonso, prefiere pensarlo. Alfonso, después de haber llamado a su hermana para decirle que no irían de viaje, come con su padre. Normalmente, cuando come con su padre hablan sin cesar. Alfonso, que continúa con el negocio de su padre, siempre le mantiene informado sobre sus antiguos clientes, le habla de los productos nuevos, los proyectos que tiene en mente para que la empresa funcione, etc. Hoy Alfonso no tiene nada que decir, nada que explicar, está callado como un muerto. Su padre en seguida piensa que tiene problemas en la fábrica. Alfonso dice que no. Cuando termina la comida, especialmente triste y silenciosa, Alfonso le dice a su padre: «¿Sabes que Fátima y Ernesto se van a la India? Harán un viaje precioso, ¿verdad?» El padre de Alfonso, que conoce el proyecto, lo relaciona rápidamente con el abatimiento de éste. ∎

A Alfonso le cuesta asumir la decisión que ha tenido que tomar por causa de su mujer. Le hubiera encantado hacer ese viaje con su hermana y su cuñado. ¡La India le atraía tanto! Su decepción se ha transformado en tristeza. Hoy no ha sido una buena compañía para su padre y éste se ha dado cuenta en seguida. Debido a su tristeza, Alfonso no consigue reaccionar, comunicarse, generar un nuevo proyecto para él o para su empresa. Pierde cualquier tipo de ambición y de deseo de superación.

La tristeza es un estado mental que bloquea el deseo. Cuanto mayor sea, más desmotiva. Esta «niebla del entusiasmo» impide vislumbrar los proyectos. Se vive a cámara lenta, nada avanza.

El miedo y los proyectos

Miedo: sentimiento de gran inquietud, estado alterado ante la presencia o el pensamiento de un peligro o una amenaza.

El **miedo*** al riesgo en cualquiera de sus formas, a los peligros que nos amenazan, provoca la energía necesaria para prevenirlos, huir de ellos o, al contrario, para afrontarlos. Este sentimiento pasajero o constante conduce a la renuncia de proyectos o al deseo de afrontarlos. El miedo es indispensable, ya que somos por naturaleza frágiles y vulnerables. Puede ser un freno para la realización personal o para la consecución de la felicidad, del mismo modo que puede ser un motor que nos empuje a superarnos. El miedo desempeña un papel muy importante en nuestra vida. A menudo, inconscientemente, influye en nuestras actitudes. El miedo se traduce en angustia, ansiedad, timidez, duda, inhibición, búsqueda de la seguridad, etc. Tenemos miedo a enfermar, a que nos hieran o nos maten, y también a ser juzgados injustamente o a que nos falten al respeto. Estos miedos no representan peligros reales, son de orden puramente psicológico.

Dos años más tarde, Cristina y Alfonso van a cenar a casa de Fátima y Ernesto. La conversación gira otra vez en torno a los viajes. Esta vez Fátima ha planeado ir a Vietnam y propone a su hermano y a su cuñada que los acompañen. Alfonso está contento con el proyecto, sobre todo porque desde que se casó no ha hecho prácticamente ningún viaje. Cristina no parece muy entusiasmada. Cuando acaban de cenar, Alfonso prefiere no dar todavía una respuesta y Fátima le propone que la llame durante la semana. El miércoles Fátima descuelga el teléfono y es Alfonso: «Hola, Fátima, soy Alfonso, te llamo por lo del viaje a Vietnam. Escucha, no podremos ir, Cristina tiene miedo de contraer paludismo y de tener problemas de digestión. Prefiero no insistir. Estoy muy decepcionado, pero bueno, ya conoces a Cristina. Agradezco mucho que hayan vuelto a pensar en nosotros... Me pregunto si algún día podrá ser. Adiós.» ■

En esta historia, Cristina se imagina que estará enferma durante y después del viaje. Como enfoca siempre los proyectos desde el lado desfavorable termina por no hacer nada. Alfonso está triste. Podemos prever que las sucesivas renuncias de Cristina acabarán desmotivándolo totalmente. Nunca más se atreverá a sugerir o a entusiasmarse por un nuevo viaje.

El miedo puede bloquear iniciativas y proyectos. Es básicamente el miedo lo que impide realizar proyectos. Cualquier ausencia o abandono de un proyecto se debe a la desmotivación, y esta desmotivación provoca que nazca o renazca la tristeza.

La historia de Alfonso muestra que el miedo también puede ser una fuente de motivación. El deseo de superación, el placer de sentirse realizado o de haber finalizado un proyecto permiten ir más allá del miedo.

En conclusión, si se analizan las reacciones o sentimientos que desencadenan el inicio de un proyecto, se encuentra una relación directa entre proyecto y motivación o desmotivación.

• Puede que los proyectos no existan porque la rutina, la falta de creatividad, la tristeza o el miedo frenen su creación o realización.

Sin proyectos, la vida deja de tener interés, y una vida así provoca

Alfonso, poco tiempo después de la propuesta para viajar a Vietnam, se reúne con su primo Beltrán para cenar. Éste le propone ir juntos, los dos, a esquiar con un guía de alta montaña. Proyecto: Baqueira Beret. Alfonso está tentado por la aventura, pero sabe que su primo esquía muy bien y tiene miedo de no estar a la altura. ¡Pero por otro lado sería estupendo! Beltrán le da confianza y le dice que si no estuviera seguro de que lo puede hacer no se lo habría propuesto. Alfonso duda, pero al final acepta. Cristina le dice que está loco. Un mes más tarde Alfonso vuelve entusiasmado por la aventura que ha vivido, los paisajes que ha visto y sus propias proezas. No se lo cree ni él. ■

tristeza y desmotivación, como en el caso de Alfonso. Interesarse por el futuro consiste en prever y desear el futuro a través de proyectos.

- Los proyectos son fuente de desmotivación cuando acarrean ira, sentimientos derivados de los celos, vergüenza, culpabilidad, envidia, etc. Los proyectos irreales (véase capítulo 1) también desmotivan.

- Los proyectos son fuente de motivación cuando son innovadores, originales, accesibles, ambiciosos e incentivadores. Pueden estar provocados por el amor, la alegría, el miedo, la ira o por una mezcla de estos sentimientos.

¿CÓMO ES SU RELACIÓN CON LOS DEMÁS?

4

«Si quiere que a su interlocutor le resulte usted simpático, háblele de él y no de usted. A la gente le encanta que les hablen de ellos.»[1]

¿INTERESA USTED A LOS DEMÁS?

La relación con los demás depende del **interés**♦ que nosotros les despertemos. El retorno, es decir, el interés que el otro tiene por nosotros depende del interés que nosotros demostremos hacia él. Sin embargo, es posible que haya personas que demuestren fácilmente interés por los demás pero que, por su parte, no obtengan reciprocidad.

♦ *Interés: sentimiento de curiosidad, de benevolencia hacia el otro.*

¿Qué actitudes adopta con los demás? ¿Qué actitudes adoptan los demás con usted?

¿Está presente la desmotivación en las relaciones que mantenemos con nuestro entorno? ¿El interés que le despierta el entorno en el que se encuentra influye en su desmotivación?

Es frecuente escuchar comentarios como los siguientes:

- «¡No sé por qué le cuento cómo me ha ido en el día, no le interesa en absoluto!»
- «No soporto escucharlo.»
- «Siempre tengo que escucharla, pero ella a mí no me escucha nunca.»
- «Aparte de sus problemillas no le interesa nada más (se sobreentiende: ni siquiera yo).»
- «No me interesa su palabrería.»
- «Las cenas de trabajo de mi marido son un aburrimiento. ¿Qué interés tiene escuchar lo que dicen unas personas que no sienten el menor interés por ti?»

1. *El imperio del león*, película de Claude Lelouch, diálogo entre J. P. Belmondo y R. Anconina.

◆ Empatía: comprensión exacta y profunda del otro. Es un proceso que implica voluntad, al contrario que la simpatía o la antipatía, que son actitudes y reacciones espontáneas. La entrevista «no directiva» crea las condiciones de una escucha comprensiva.

◆ Carl Rogers (1902-1987). Estadounidense, psicoterapeuta, psicopedagogo, profesor en la universidad de Ohio, creador de la no-directividad, fue ante todo un humanista.

La empatía

Estas reflexiones y preguntas nos llevan a hablar de la **empatía**◆. Durante una entrevista no directiva, la empatía es la escucha atenta que ejerce el entrevistador, que debe olvidar sus principios personales para apropiarse durante la entrevista de los principios del otro. El entrevistador se sumerge en una situación en la que puede comprender los motivos que hacen que el entrevistado reaccione, razone o se exprese como suele hacerlo.

La empatía es uno de los conceptos clave de la filosofía humanista de **Carl Rogers**◆. Consiste en ponerse en el lugar del otro. Se asocian tres conceptos básicos a esta filosofía, que son la base de lo que denominamos «actitud rogeriana»:

• La congruencia o la autenticidad de la persona.
• La empatía.
• La consideración incondicional positiva o la aceptación sin reservas del otro, tal y como es.

EJEMPLO: LAURA NO SABE ESCUCHAR

Patricia, Carina, Juan, Laura y Pablo son amigos desde la más tierna infancia. Se conocieron en la Costa Brava. Laura es dermatóloga y está casada con Pablo, que es dentista. Carina es bióloga y está casada con Juan, que es agente inmobiliario y administrador de fincas. Han quedado en verse y Patricia acudirá por primera vez con su novio, Pedro, director de exportación de la empresa en la que ella trabaja. Durante la cena, en un restaurante, Patricia les presenta a Pedro. Él se encuentra muy a gusto y está alegre. Después de pedir la cena, Laura se dirige a Carina y le dice: «La semana pasada te envié a uno de mis pacientes para que le hicieras un análisis de sangre y todavía no tengo los resultados.» «Pero a ver, Laura, por mucho que le pidas a tus pacientes que se hagan un análisis de sangre no tienen por qué venir corriendo el mismo día a mi laboratorio. Sé a quién te refieres y ha venido hoy. Tendrás los resultados mañana por la mañana», le responde Carina.

Después de una larga discusión sobre medicina, estomatología y el comportamiento de los pacientes entre Laura, Carina y Pablo, Juan se dirige a Pedro y le pregunta sobre su trabajo. Pedro le explica en qué consiste su profesión, cuáles son sus responsabilidades, etcétera.

Actualmente él se encarga del sector asiático porque es un mercado creciente en el sector de la telefonía móvil. Pretende explicar las novedades de los teléfonos móviles, motivado por las preguntas de Juan, cuando de repente Laura le corta la palabra y se dirige a Patricia para preguntarle: «¿Has ido al salón del mueble?»

Patricia conoce muy bien a Laura como para no saber que a ella le encanta charlar y que sobre todo adora hablar de sus cosas y de aquello que le preocupa. Es una joven muy dinámica, que se interesa por la ropa, la decoración, el golf y el cine. ¿Cuáles son sus conversaciones favoritas aparte de esto? La medicina, la Seguridad Social, los médicos de familia, los viajes que ha realizado o que le gustaría hacer y los niños, mientras que el universo laboral de un director de exportación... Patricia pensaba sinceramente que su amiga haría un esfuerzo para interesarse por Pedro. El diálogo que Juan había empezado era un medio fácil para integrar a Pedro, sobre todo en un grupo tan cohesionado. ∎

A lo mejor usted ha vivido una historia parecida, tal vez en un contexto diferente, pero con actitudes similares.

• **Análisis**

Juan es quien inicia realmente un proceso de empatía. Sabe escuchar a Pedro, se interesa por él y le hace preguntas. Se muestra interesado y pretende conocerlo y comprenderlo.

La falta de apertura, de empatía, es nociva para las relaciones con los demás e impide estar a gusto en sociedad. Laura, como es evidente, no tiene empatía. Se siente a gusto con sus pacientes porque son ellos los que se dirigen a ella y no al contrario. Además, tiene un conocimiento perfecto de los motivos que han llevado a los pacientes a su consulta. En sociedad, Laura muestra su falta de empatía con una actitud casi de mala educación. Por ejemplo, cambia a propósito de tema. Y no comienza a sentirse a gusto hasta que Pedro se interesa por sus cosas.

La falta de empatía comporta malestar, frustración, decepción y desmotivación.

De hecho, como reacción al comportamiento de Laura, el clima deja de ser agradable y amistoso. Laura decepciona a Patricia, Juan se hunde en su intento y Pedro se desmotiva ante la tentativa de darse a conocer en el entorno de los amigos de Patricia. Imaginemos, en relación con el comportamiento de Laura, que Pedro generalice diciendo: «Tus amigos son odiosos y mal educados, no tengo ganas de volver a verlos.» Patricia, decepcionada, podría caer rotundamente en la trampa y responder: «Sí, tienes razón»,

para culpabilizarse a continuación y afirmar: «No te los tendría que haber presentado, son tan diferentes...»

Laura, por su parte, desmotivada por la falta de empatía, podría decir finalmente: «Su amigo no abre la boca, no es muy interesante.»

Gracias a este ejemplo, podemos entender la relación existente entre la falta de empatía y la desmotivación que se puede generar en los demás.

La aserción

Una actitud asertiva consiste en mantener nuestra opinión conservando las relaciones cordiales con nuestro interlocutor.

Nuestras reacciones ante ciertas frustraciones que acaecen a lo largo de la vida pueden darse bajo cuatro tipologías diferentes:

- El **sufridor**: la huida o la pasividad (aceptar sin reacción aparente, somatizar).

Interés por los demás

El astuto: la manipulación
Calculador, autoritario, hipócrita, empalagoso, encantador, seductor, comediante, astuto, evita las situaciones, se ríe por dentro, le gustan el poder y el dinero. Su móvil: ¡el poder!

El conciliador: la aserción
Sabe cuál es su objetivo, es tolerante, respetuoso, sabe escuchar, es generoso, sociable, autónomo, reflexivo y responsable. Se implica, dice lo que piensa, lo que quiere, lo que le molesta. Es perspicaz, sabe adaptarse, tiene confianza en sí mismo y confía de un modo lúcido en la gente. Está motivado y sabe motivar.

Disimulo ◄─────────────────────► **Franqueza**

El sufridor: la pasividad, la huida
No sabe decir que no, no está seguro de sí mismo, tiene miedo de que le reprochen algo, es tímido, introvertido, no expresa lo que siente, no se implica, está poco motivado, se muestra sumiso ante los demás y resignado ante los acontecimientos, depende de los demás, se siente desengañado y rehuye toda responsabilidad.

El alterado: el ataque, la agresividad
Se pone nervioso con mucha facilidad, habla muy alto, es autoritario, no escucha, es impaciente, no reflexiona, interrumpe cuando alguien habla y monopoliza el discurso, utiliza palabras hurañas, no controla sus emociones, se muestra colérico, provocador, se precipita ante las cosas, busca experimentar sensaciones fuertes, le encanta dominar, no muestra respeto por los demás.

Introversión

- El **alterado**: el ataque o la agresividad (reaccionar de forma violenta).
- El **astuto**: la manipulación (reacción tergiversada de seducción, adulación).
- El **conciliador**: la afirmación de uno mismo (reacción de negociación, de búsqueda de un acuerdo o de un resultado).

Estas reacciones, más o menos matizadas, tienen repercusiones sobre nuestra motivación. En el esquema de la página 62 especificamos cada una de estas actitudes.

EJERCICIO

Retome la historia de Laura.

1. ¿En qué tipología situaría la actitud de Laura: en la del sufridor, la del conciliador, la del astuto o la del alterado?

2. Justifique su elección.

EJEMPLO: LUCAS (Versiones 1 y 2)

Versión núm. 1

Lucas se muere de ganas de ir a la discoteca. Sabe que sus padres se oponen porque sólo le quedan dos semanas para los exámenes. Está en la cocina con su madre:

—Mamá, te ayudo a lavar los platos y a hacer la cena, ¿sí?

—Qué bueno eres, cariño, yo pensaba que estabas cansado.

—No, para nada, estoy en plena forma.

Una hora después, en la cocina, con su madre satisfecha, estima que es el momento oportuno de realizar la petición:

—Sabes, mamá, esta noche me gustaría salir a dar una vuelta con Óscar y Tomás. ¿Te parece bien?

—Sí, claro. ¿Qué han pensado hacer?

—No lo sabemos aún. Charlar, reír un rato, a lo mejor bailar. ¿Me dejarás salir?

—Si me prometes que no volverás muy tarde.

—¡Hecho! Gracias, mi mami favorita.

Lucas volvió a las 4 de la madrugada.

Versión núm. 2

Lucas desea ir a la discoteca, necesita relajarse un poco pero conoce la opinión de sus padres, que son estrictos cuando se trata de salir en época de exámenes. Decide tratar el asunto durante la cena.

—Saben, estoy estudiando mucho desde hace bastante tiempo y me gustaría olvidar los dichosos exámenes por unas horas. ¿Me dejarían ir a la discoteca con Óscar y Tomás hasta las dos?

—No me parece muy lógico, Lucas, creo que necesitas descansar —le responde su madre.

—Tienes toda la razón, mamá, comprendo tu punto de vista pero entiende el mío. Un poco de diversión no tiene por qué irme mal. Tengo tiempo aún para repasarlo todo.

—Mira, Lucas, ya eres mayor y responsable, tienes que acostarte a una hora razonable, ya falta poco para los exámenes. Haz sólo un pequeño esfuerzo y te podrás divertir como y cuando tú quieras.

—Está bien —reflexiona Lucas—, sólo saldré a tomar algo y después de los exámenes iré a la discoteca. ¿Sí? ■

Versión núm. 3

A Lucas le encantaría ir a la discoteca con sus amigos Óscar y Tomás. Hace una hora que está encerrado en su habitación dándole vueltas al asunto sin saber cómo se lo dirá a sus padres para evitar que lo regañen, puesto que lo harán sin duda alguna.

Baja a la cocina. Su madre lo mira y le pregunta cómo va el estudio. Lucas le responde que bien.

—¿Quieres que te ayude, mamá?

—Gracias, cariño, pon la mesa, así adelantaré.

Lucas pone la mesa. Llega el padre. Se sientan a cenar, todos hablan menos él. Alguien llama por teléfono y su padre responde:

—Buenas noches, Óscar, sí... ¿querían saber a qué hora podían pasar a buscar a Lucas? La verdad es que no me ha explicado sus planes. Es demasiado tarde para que lo deje salir, tiene exámenes dentro de dos semanas; creo que tiene otras cosas que hacer como para salir a la discoteca. Buenas noches, Óscar, hasta luego.

Se dirige a su hijo y le pregunta:

—¿Qué es esta historia de la discoteca?

—Nada, Óscar y Tomás tenían ganas de salir. Cuando me lo han propuesto les he explicado que quizás no podría, pero de todas maneras, ahora ya es demasiado tarde.

Versión núm. 4

Lucas está pensando en su habitación. Tendrá que pedir permiso a sus padres para ir a la discoteca. ¡A su edad! Baja a la cocina para unirse al resto de la familia. Sus padres lo saludan. Lucas los besa y les dice de sopetón:

—Esta noche Óscar, Tomás y yo habíamos pensado ir a la discoteca para distraernos un poco, ¿están de acuerdo?

Su padre le responde que a dos semanas de los exámenes, ni pensarlo.

Lucas, de un modo brusco, le responde:

—No me vengas con el cuento de siempre. No veo por qué tendrían que cambiar los resultados de los exámenes. ¡Me hacen cada numerito! No me dejan vivir. Estoy harto.

Su padre intenta calmarlo, pero Lucas les dice a sus hermanos menores:

—Aún están babeando, pero ya verán cuando tengan mi edad, les harán lo mismo. No los dejarán hacer nada.

Su madre intenta frenar sus palabras y le dice con el mismo tono:

—Mira, Lucas, basta ya de películas. Cuando no estás en exámenes no te prohibimos que salgas. Lo pasarás mejor después de los exámenes, te lo aseguro. Por el momento te callas y subes a tu habitación, pero antes te disculpas, por favor. ■

Ya ha clasificado a Laura en la categoría del alterado. Muy bien. De hecho ella no sabe escuchar, es impaciente e irreflexiva. Patricia decide presentar a su novio a sus amigos. Laura tendría que reflexionar sobre la situación y comportarse en consecuencia. En lugar de ello, se considera el centro de interés y no presta atención a Pedro. Interrumpe cuando los otros están hablando e inconscientemente monopoliza la conversación.

Para comprender mejor las repercusiones que las respectivas actitudes pueden tener en los demás, lea con atención las cuatro versiones anteriores sobre la historia de Lucas, un joven que en pleno período de exámenes desea ir a la discoteca pero necesita el consentimiento de sus padres para hacerlo.

• Análisis

La segunda versión de la historia de Lucas muestra que una actitud asertiva corresponde a la afirmación de la personalidad y permite mantener
relaciones provechosas para todos. Desarrollaremos la actitud asertiva
en la segunda parte del libro.

Las otras tres versiones describen diferentes actitudes en las que uno
de los personajes se verá desmotivado.

En la primera, Lucas manipula a sus padres. Consigue lo que se propone.
¡Pero menuda estratagema! ¿Cree usted que podrá utilizar varias veces
este tipo de tejemanejes? ¿Sus padres estarán motivados para dejarlo salir otra vez? ¿Dicha forma de relación es sostenible? Evidentemente, no.
De ahí se deduce que la manipulación puede desmotivar a los otros en
relación con nosotros.

La tercera versión acentúa la actitud de huida. La timidez excesiva de
Lucas y la falta de confianza en sí mismo ante sus padres lo frustran
y lo convierten en un ser infeliz. ¿Estará motivado para estudiar si
sabe que mientras tanto sus amigos salen? Seguramente no. ¿Qué repercusiones tendrá en sus exámenes y en su futuro personal?

En la cuarta, Lucas se comporta de un modo agresivo, no puede controlarse. Sus palabras van más lejos que sus pensamientos, está generalizando,

---

EJERCICIO **Responda sinceramente a este breve cuestionario:**

1. ¿Le gusta escuchar?

2. Si no dispone de tiempo para escuchar a su interlocutor, ¿se lo comunica?

3. ¿Podría afirmar que nunca ha fingido que estaba escuchando?

4. ¿Es usted de los que, a pesar de conocer el final de la frase de la persona con la que está hablando, deja siempre que termine?

5. ¿Tiene capacidad de prestar atención cuando le están contando algún hecho, una situación o una anécdota?

6. ¿Le interesan las situaciones que le cuentan sus familiares, amigos y colaboradores a pesar de que no le incumban?

7. ¿Se interesa normalmente por las novedades de los demás, más allá de la típica pregunta tipo: «qué tal»?

8. ¿Le interesan las personas que le son presentadas y que no conocía con anterioridad, como por ejemplo en ocasión de una cena?

9. ¿Tiene curiosidad por conocer oficios o actividades diferentes de las suyas?

10. ¿Cree que las ideas y pensamientos que defiende no son compartidos por todo el mundo?

Sume un punto por cada respuesta afirmativa y cero puntos por cada respuesta negativa.

él mismo empeora la situación y la hace más difícil. Y cuando vuelva a su habitación seguirá enfadado. La agresividad no es la mejor actitud que se debe adoptar cuando se trata de motivar a los demás o de seguir uno mismo motivado.

• **Análisis**
Si ha respondido al ejercicio de la página anterior y tiene cinco o menos respuestas afirmativas significa que no presta demasiada atención a los demás. No los escucha y debería ser más abierto. Tiene que mejorar en muchos aspectos y ahora ya sabe por qué.
Cuanto más se acerque a las diez respuestas afirmativas más interés demuestra hacia los demás. Su capacidad de escuchar y su interés por los demás son un valor añadido a su personalidad. Sus relaciones con los demás son sencillas y agradables. Se encuentra ya en el camino de la empatía.

EJERCICIO
1. Observe las actitudes que adoptan las diferentes personas que conviven o que trabajan con usted.
2. Intente diferenciarlas.
3. Estudie las reflexiones que le permiten reconocerlas.
4. ¿Qué consecuencias son propias a cada una de las actitudes?

¿QUÉ HACER PARA DESPERTAR INTERÉS?
La sensación de soledad

A veces se tiene la impresión de que nos han abandonado, de que nadie nos pregunta nada, de que en las conversaciones nunca se nos pide nuestra opinión, de que no requieren nuestra participación en las actividades o de que si no somos nosotros los que llamamos a nuestros amigos para saber de ellos, no nos llamarían nunca. En dichos momentos nos llegamos a plantear que si realmente estuviéramos solos en el mundo daría lo mismo porque nadie cuenta con nosotros.
En esos momentos sería muy útil preguntarse de dónde proviene la sensación que tenemos de no interesar a nadie, por qué nos sentimos tan solos, si realmente percibimos a los otros de un modo adecuado y si tal percepción está relacionada con nuestra desmotivación.

Durante un bingo que se celebra cada año, al que a María le encanta asistir, su marido Miguel y su amigo Francisco están sentados el uno enfrente del otro. María, en el extremo de la mesa, no está muy contenta con el sitio que le ha tocado. Un poco cabizbaja se dice a sí misma: «Cada vez me pasa lo mismo, siempre al final de la mesa mientras que Francisco y Miguel se las ingenian para sentarse el uno frente al otro.»
María tiene la odiosa costumbre de vigilar todo lo que hace su marido. Es bastante celosa. Esa noche aún más que de costumbre. Miguel y ella acaban de tener una discusión. Cada vez que salen, si Miguel habla con otra mujer, María se imagina que podría pasar algo, que él se verá con ella más tarde. Él le explica que no pasa nada, que todo es fruto de su imaginación, que solamente tiene ganas de divertirse, que está muy cansado por el trabajo y que es absurdo pensar que podría tener una amante, que es ridícula y que él la quiere... María no se lo cree.
María observa cómo Miguel y Francisco hablan con expresión seria, en voz baja, acercándose al centro de la mesa. Aún así, ella intenta escuchar lo que dicen, pero está demasiado lejos. La conversación es bastante larga. No está acostumbrada a verlos así, en esa actitud tan seria. «Qué raro», piensa María. No puede aguantarse más y les pregunta de qué están hablando. No le contestan. Sube la voz, un poco enfadada, y repite la pregunta. Finalmente, Francisco le responde: «Ya te lo contaré después, no puedo explicártelo ahora.» El vecino de mesa, que de repente se apunta a la conversación, le pregunta: «¿Qué ha dicho Francisco?» María le responde secamente: «¡Están hablando de algo que no me incumbe!» Entonces se imagina que están pensando en irse de fiesta los dos o planeando un fin de semana para ir a esquiar con los amigotes. También está convencida de que están hablando de ella, está segura. Miguel le debe estar explicando el numerito de la mañana a Francisco y éste lo está animando a buscar por ahí si ella no está contenta. Esto le irá muy bien a Francisco, pues para él no hay nada más importante que su amigo Miguel. De hecho, Francisco casi nunca habla con María. Todo esto lo está pensando encerrada en su mundo, pero en voz lo suficientemente alta como para que todo el mundo la oiga, dice: «No sé qué he venido a hacer aquí.» Nadie reacciona, conocen tan bien a María...
María estaba contenta por haber ido a jugar al bingo, pero como nadie le hace caso y como parece que todo el mundo se lo está pasando de lo lindo, ella se desmotiva y cree que seguir jugando es una estupidez, así que le deja los cartones a su vecino. ∎

EJERCICIO Entrenarse para el método de la agenda

1. ¿Por qué razón está desmotivada María?

2. Relea con atención la historia y extraiga los elementos que demuestran que María está convencida de que la están marginando.

La tergiversación, la interpretación, la distorsión

María no está contenta con el lugar que ha ocupado en la mesa. Está al extremo de la misma y esto la ha disgustado y puesto de mal humor. Primero tergiversa y después interpreta la situación. Piensa que siempre pasa lo mismo (tergiversación de la realidad por generalización) y que una vez más Francisco y Miguel se han salido con la suya para estar uno enfrente del otro, lejos de ella.

De hecho, todos se han sentado según han ido llegando. Francisco y Miguel han llegado al mismo tiempo y se han sentado el uno frente al otro de un modo espontáneo. María, que estaba hablando con alguien, se ha retrasado y se ha tenido que sentar al extremo de la mesa, hecho que no tendría por qué suponer ningún problema dado que está con sus amigos.

María observa a su marido y al amigo de éste. Hablan largo y tendido, en voz baja. María, además, interpreta la situación y las palabras que están intercambiando. Traduce sus actitudes y sus gestos: tienen un aire «grave», están muy «serios», piensa que es «raro».

Lo que no puede saber aún es que Francisco se acaba de enterar de que su hermana tiene cáncer. Se lo cuenta a Miguel, que es su amigo. No quiere que lo sepa todo el mundo. Sencillamente, pretende ser discreto. No desea que este asunto tan grave se convierta en tema de conversación. El asunto no tiene nada de extraño pero no incumbe necesariamente a María. El comportamiento de Francisco es totalmente legítimo.

María **tergiversa**✦ las palabras de Francisco a pesar de que él le ha dicho que no se lo puede contar inmediatamente. Ella se imagina cosas que son completamente falsas, responde a su vecino tergiversando el mensaje real de modo inconsciente. El «ya te lo contaré más tarde» se convierte en un «me ha dicho que se trata de algo importante que no me incumbe». En el ámbito de la comunicación esto se denomina **distorsión del mensaje**.

Todas estas situaciones engendran trabas, posturas ambiguas que pueden llevar a desear el aislamiento. Entonces, lo que se siente respecto a los demás influye en nuestra percepción de la realidad. Se interpretan sus palabras, gestos, mímica y comportamiento en función de nuestro estado de ánimo. Es la tendencia inconsciente de analizarlo todo de un modo negativo lo que provoca que deformemos el mensaje.

En la comunicación entre el emisor, aquel que emite el mensaje, y el receptor, aquel que lo recibe, pueden darse transformaciones, distorsiones u omisiones del mensaje, si no hay suficiente

✦ *Tergiversar: dar una interpretación forzada o errónea a palabras y acontecimientos.*

feed-back (retorno) entre los interlocutores. El mensaje puede ser verbal o no verbal.

María se imagina que Francisco no le dirige la palabra, que sólo le interesa Miguel. Pero ¿acaso María se está viendo, escucha lo que dice, se conoce, se da cuenta de que es hostil ante todo lo que acapara la atención de Miguel? Está **celosa.**♦ Francisco y Miguel están muy unidos. María, a través de sus miradas y reflexiones, pone en evidencia que tal vez no aprecia mucho esta complicidad de la cual se excluye. Esta actitud puede bloquear a Francisco en su relación con María, hecho que explica por qué él se comunica relativamente poco con ella. Los celos llevan a que María tergiverse las cosas y las interprete a su modo.

Como hemos visto anteriormente, no podemos vivir sin signos de reconocimiento (*strokes*), sin mensajes. Si pensamos que no recibimos suficientes *strokes*, tendemos a estar al acecho por el más mínimo signo e intentamos **interpretarlo**♦ obteniendo un significado que refuerza nuestro sentimiento de exclusión.

A fuerza de tergiversar y posteriormente interpretarlo todo de un modo negativo, María se desmotiva y, progresivamente, cada vez tiene menos deseos de participar, jugar, distraerse y divertirse.

La omisión

Durante la discusión que mantuvieron en casa, por mucho que Miguel le volvió a hablar de sus horarios de trabajo, ella **omite**♦ el hecho de que Miguel pueda actuar de buena fe.

Miguel es director en un hipermercado en el que trabajan los dos. María conoce, evidentemente, sus horarios, a pesar de que no están siempre juntos. Puede saber con qué proveedor tiene una cita, si está en el hipermercado, etcétera. Pero olvida todos los pormenores de su horario a pesar de que él le explica frecuentemente lo que tiene que hacer durante el día. En comunicación esto se denomina omisión.

♦ *Celos: sentimiento de inquietud dolorosa que experimenta la persona que siente un deseo de posesión exclusiva hacia la persona amada y que, a su vez, teme su probable infidelidad.*

♦ *Interpretar: explicar acciones, dichos o sucesos que pueden ser entendidos de distinto modo. La interpretación puede ser exacta o inexacta, positiva o negativa.*

♦ *Omitir: 1. Abstenerse de hacer o de decir algo. 2. Prescindir, hacer caso omiso. 3. Silenciar.*

EJERCICIO

1. Busque una situación, un momento en el que haya pensado que los demás no le hacen caso.
2. Analice esta situación cuestionándose si considera o no que ha interpretado, tergiversado u omitido ciertos datos.
3. Encuentre un punto de contacto con la historia de María y busque las consecuencias de esa situación teniendo en cuenta si ha tenido ganas o no de abandonar la actividad que estuviera haciendo en ese momento.

El egocentrismo y la simpatía

A veces se piensa que la gente no se interesa demasiado por nosotros y esta impresión condiciona nuestro comportamiento para con ellos. Se tiene la sensación de pasar desapercibidos, de estar apartados, marginados, rechazados, despreciados, ridiculizados, de ser las víctimas, los indeseables, etcétera.

Sin embargo, hay que pensar que el interlocutor también experimenta sus propios estados de ánimo. Así, se puede encontrar a alguien que sea un **egocéntrico**✦, alguien a quien la vida de los demás no le interesa demasiado. Las «historias» ajenas no le preocupan y no preguntará nada. ¿Qué puede aportarle alguien que de un modo consciente o inconsciente evita ser recíproco en el intercambio?

O tal vez se encuentre ante alguien que lo ignora porque no le resulta **simpático**✦.

Antes de realizar un juicio apresurado acerca de otro debe preguntarse si su actitud (ceño fruncido, cara triste, falta de atención, suspiros, miradas huidizas) es la causante de que la persona no se aproxime. En tal caso, lo que usted considera como una actitud egocéntrica es más bien un mecanismo de defensa en una situación en la que el otro se siente incómodo. Entonces ¿quién de los dos es más egocéntrico?

La simpatía requiere de una cierta reciprocidad. Si no existe más que de un modo unilateral, la relación es frustrante y desmotivadora. Esforzarse para conseguir la simpatía de los demás sin obtener un resultado se convierte en algo rápidamente desmotivador. Siempre que se espere un resultado positivo, se estará motivado. Uno empieza a sentirse frustrado cuando se da cuenta de que los esfuerzos realizados han sido en vano.

✦ Egocentrismo: tendencia a centrarlo todo en uno mismo, a juzgarlo todo en relación con uno mismo y en su propio interés.

✦ Simpatía: tendencia natural y espontánea que hace que dos personas se aproximen.

Creencias y realidad

El sentido de un mensaje (verbal o no) proviene tanto de sus dimensiones implícitas como de su contenido explícito. El trabajo de comprensión consiste, entonces, en la selección de las diversas implicaciones existentes en el enunciado y que uno cree que son pertinentes en relación con el contexto. En nuestro ejemplo, María interpreta u omite el contexto.

María modifica siempre el sentido de los mensajes, ya sean verbales o no verbales. Ella blinda las ideas que tiene de la realidad. A menudo, aquello en lo que creemos firmemente ha sido creado por nuestras omisiones, distorsiones, interpretaciones de las situaciones, comportamientos, mensajes de los otros y, así, nos hacemos ideas rotundamente falsas en relación con lo que los demás piensan, dicen o hacen respecto a nosotros.

María se autoexcluye de esa sesión de bingo o cuando podría haber disfrutado de un rato agradable. Por causa de sus interpretaciones, tergiversaciones y omisiones transforma las situaciones agradables en momentos de sufrimiento personal. Al mismo tiempo desmotiva a todos los de su entorno por su actitud y su comportamiento, que son evidentes para todo el mundo. Complica las situaciones a su antojo y se llega a cuestionar su presencia en aquel lugar. Desperdicia su vida y la de los demás. Cada vez querrá salir menos, ver a menos personas y finalmente terminará aislándose.

Miguel, su marido, tiene muchos detalles con ella y mucha paciencia, pero ¿hasta cuándo? ¿Acabará cansándose de las discusiones y de las situaciones conflictivas que ella provoca? ¿Terminará por desmotivarse? ¿Dejará de hacer algún día concesiones, de esforzarse? Tal vez cuando no esté tan enamorado de ella...

En cuanto a Francisco, a lo mejor conoce demasiado a María como para no estar preparado ante sus reacciones. O quizá todo lo contrario, a lo mejor no puede soportar que le clave la mirada, sus respuestas secas, las alusiones o las advertencias que le dirige. A lo mejor está enfadado por las reacciones de la mujer de su amigo. Puede que no sepa cómo reaccionar, mejorar la situación o consolarla. Es probable que se haya rendido y se esté alejando cada vez más de ella en la medida en que disminuye progresivamente sus esfuerzos para prestarle atención o dialogar con ella.

EJERCICIO
1. Explíquele a alguien cercano a usted y que estuviera presente cuando lo pasó mal, cuánto sufrió en dicha ocasión. Sea sincero y detállele sus ideas.
2. Pídale a continuación que le explique su versión de los hechos.
3. Compárelas y analice la situación con él.

EJERCICIO. PRUEBA Responda sí o no a cada una de las preguntas

	Sí	No
1. ¿Es usted de aquellas personas que no quieren organizar cenas en casa porque cuando llega la hora no hacen otra cosa que servir el vino o recoger la mesa?	☐	☐
2. ¿Es de los que creen que cuando se trata de tomar decisiones en grupo da lo mismo que den o no su opinión?	☐	☐

Responda sí o no a cada una de las preguntas

	Sí	No
3. ¿Le molesta estar ante personas que se intercambian secretos porque siente que lo están marginando?	☐	☐
4. ¿Le ponen nervioso/a aquellas personas a las que les pide que le repitan lo que no ha entendido y no quieren hacerlo?	☐	☐
5. ¿Ha pensado en algún momento que la gente no lo quiere?	☐	☐
6. ¿Se arrepiente a menudo de haber ido a reuniones a las que piensa que ha asistido sólo para calentar la silla?	☐	☐
7. ¿Piensa que si un compañero suyo se muestra más distante que de costumbre, se comporta de tal modo porque alguien le ha hablado mal de usted y se ha dejado influir?	☐	☐
8. ¿Piensa que es difícil hacer amigos porque uno no se puede fiar de la gente?	☐	☐
9. ¿Le intimida que los demás lo miren?	☐	☐
10. ¿Alguna vez algún familiar le ha dicho: «Yo no he dicho eso, siempre tergiversas lo que digo»?	☐	☐

Análisis

• Si la mayoría de las respuestas han sido afirmativas, es propenso a desmotivarse con facilidad porque piensa que nadie se interesa lo suficiente por usted. Cree con demasiada facilidad que los demás lo marginan, tiende a interpretar con demasiada rapidez sus reacciones. Usted es el único que se siente mal y esto bloquea las relaciones que establece con los demás. Incluso puede llegar a influir en el comportamiento de las demás personas por el simple hecho de que se cree marginado y olvidado. Su falta de participación o su aislamiento pueden desembocar en una falta de interés respecto a lo que los demás dicen o hacen. Es como un círculo vicioso.

• Si tiene cinco respuestas afirmativas y cinco respuestas negativas significa que a veces tergiversa o interpreta las situaciones y los comportamientos. Ello dependerá de su estado de ánimo o de su estado físico. No deje que las respuestas afirmativas ganen terreno. De lo contrario, la desmotivación originada por su convencimiento de que es rechazado podría convertirse en un elemento nefasto para sus relaciones con los demás.

• Si tiene cuatro o menos respuestas afirmativas significa que intenta no interpretar negativamente la opinión que los demás tienen de usted. Ha establecido relaciones constructivas y demuestra que confía en sí mismo. No tergiversa, o lo hace en raras ocasiones, las palabras y los mensajes no verbales de su entorno. Otorga gran importancia a los hechos y no se deja influir fácilmente.

crear un ambiente motivador

¿POR QUÉ Y PARA QUIÉN MOTIVARSE?

5

VIVA SUS EMOCIONES

La capacidad de vivir las **emociones**♦ difiere según las personas. Ello depende del equilibrio que se cree entre nuestro CI (coeficiente intelectual) y nuestro CE (coeficiente emocional). ¿Cómo se construye este equilibrio? Ya desde el nacimiento heredamos de nuestros padres una inteligencia que es a la vez intelectual y emocional. A continuación, la educación que recibimos, el medio y las experiencias vividas alimentan y generan nuestra evolución y la madurez de nuestras diversas modalidades de inteligencia.

Al contrario que la inteligencia mental, que se mide fácilmente mediante tests, la inteligencia emocional no se puede cuantificar. Pero ¿en qué consiste la inteligencia emocional? ¿En qué sentido es útil? ¿Cuál es la relación entre inteligencia emocional y motivación?

Daniel Goleman, en su obra *La inteligencia emocional*, describe la diferencia entre un hombre y una mujer en relación con el coeficiente intelectual y con el coeficiente emocional. Destaca que un hombre con un CI elevado suele ser menos hábil, en contrapartida, en lo que concierne a su vida privada. Normalmente «no se siente a gusto en la esfera de la sexualidad y de la sensualidad, es inexpresivo y desinteresado, débil y frío cuando muestra sus emociones». La mujer cuyo CI es elevado se diferencia del hombre en que posee una mayor tendencia a la «introspección y pasa a tener sentimientos de angustia y de culpabilidad» que hacen que tampoco se sienta cómoda en su vida privada.

Los hombres y las mujeres que tienen un CE elevado generalmente son más abiertos, alegres, relajados... Sus vidas afectivas son ricas y están bajo su control. Se sienten a gusto tanto en los ámbitos públicos como en los privados.

♦ *Emoción: problema sufrido, agitación pasajera causada por un sentimiento vivo de miedo, sorpresa, alegría, etcétera.*

♦ *Emociones: «Reacciones subjetivas en relación con el entorno, acompañadas de respuestas hormonales y neurovegetativas experimentadas generalmente como agradables o desagradables y consideradas como reacciones de adaptación que afectan a nuestro modo de pensar.» (Definición del psicólogo Atkinson.)*

Lucas y Paula tienen una tienda de antigüedades. A Paula le encantan los bailes tradicionales y está muy contenta porque acaba de saber que la próxima representación de la asociación a la que pertenece será en las Antillas. David, un amigo íntimo, llama a la puerta. Paula lo recibe con una gran sonrisa. Lo invita a tomar un café. Nota que su amigo está triste. Su voz tiembla ligeramente y sus ojos están apagados. Se sientan a la mesa de la cocina. «Siempre tan radiante. He hecho bien en pasar a visitarla», piensa David. Paula mira a su amigo y, con una sonrisa cómplice y amistosa, le dice suavemente, con la cabeza un poco inclinada para hacerle entender que está dispuesta a escucharlo:

—¿Qué tal va todo, David?

—Nada fuera de lo común —le responde.

Silencio. Las cucharillas tintinean en las tazas.

—¿Qué ocurre? —pregunta Paula.

—Mi empresa va a cerrar, ya lo han decidido. Y como comprenderás, encontrar un trabajo de vendedor con 40 años... He pasado para decirte que no voy a poder comprar el escritorio que te pedí que me reservaras. Lo siento. Estoy completamente desmoralizado.

Paula está triste por su amigo, pero en seguida encuentra las palabras para reconfortarlo:

—David, no te preocupes por el escritorio, no es difícil venderlo, pero como sé que te gusta tanto creo que te lo seguiré guardando hasta que soluciones tu situación.

Le pone la mano en el hombro y le dice:

—Esta noche viene a cenar a casa el director de una empresa importante. Es un buen cliente, encantador, y sé que tienen vendedores. Ven a cenar con tu mujer, nunca se sabe. Conoce a muchísima gente y a lo mejor te podría ayudar a encontrar una solución.

David agradece que Paula le haya ayudado y animado, siempre tan acogedora. Se marcha con más confianza en el futuro y se despide hasta la noche.

Paula se dice a sí misma: «Ya le diré otro día lo de las Antillas, no era el momento más adecuado. He hecho bien en invitarlo, estoy segura de que les hará bien venir a los dos y puede que sea una oportunidad para él.» ■

Estos retratos, aunque son modélicos y presentan perfiles totalmente extremos, resultan interesantes porque permiten evidenciar que las cualidades emocionales son las que nos humanizan. Por ello, son indispensables. Todos tenemos sentimientos desagradables como tristeza, rabia, odio, asco, vergüenza, culpabilidad, agresividad, ansiedad, miedo o angustia debidos a frustraciones, conflictos, peligros, exclusiones, estrés, soledad, muerte, fracasos, preocupaciones o contrariedades, pero también vivimos emociones agradables y sentimos alegría, amor, sorpresa, felicidad, plenitud, júbilo y placer generados por el éxito, el logro de nuestros objetivos, el buen funcionamiento, las buenas noticias y la armonía. La inteligencia emocional es la capacidad de actuar ante los acontecimientos teniendo en cuenta al otro y el contexto.

Paula ha demostrado tener una gran inteligencia emocional. Estaba tentada de explicar su buena noticia, pero la preocupación que muestra hacia los demás y su capacidad de observación la han hecho cambiar de opinión. En primer lugar se ha ocupado de su amigo y lo ha

EJEMPLO: PAULA VUELVE A DOMINAR SUS EMOCIONES

La alcaldesa de la localidad en la que vive Paula ha ido a visitarla. Paula acaba de regresar de su viaje a las Antillas, que realmente ha sido una experiencia muy positiva para ella. A su regreso, su padre ha muerto. Toda la ciudad lo conocía porque era una persona encantadora. También la alcaldesa.

Con su sonrisa y su cortesía habitual, Paula recibe a la alcaldesa. Rápidamente se da cuenta de que algo no funciona. La alcaldesa es una persona difícil (Paula lo sabe), le calienta la cabeza con tonterías en relación con un mueble que la alcaldesa le había comprado y que según ella no es auténtico:

—Mire, quiero que me devuelvan el dinero de esta cómoda. No es auténtica, un amigo mío que sabe de muebles me lo ha certificado. Son unos sinvergüenzas, voy a destruir su reputación...

Paula la deja hablar y después responde:

—¿Está usted hablando de la cómoda estilo Imperio en madera de acajú que le entregamos hace 15 días?

El aroma, el calor y el ambiente del Caribe surgen cuando evoca la última entrega que realizó antes de irse de viaje.

—Sí, eso es.

Paula prosigue con su letanía.

—Señora, si la estoy entendiendo bien, creo que está cuestionando la autenticidad de ese mueble y que me está pidiendo que le devuelva el dinero, ¿verdad?

—Sí.

Paula siente cómo afluye su mal humor, que puede sobrepasarla, pero consciente de su reacción toma con la mano una concha que ha traído de las Antillas y le responde con calma:

—Señora, ¿cree realmente que yo sería capaz de engañarla y de darle gato por liebre?

—Sí, es lo que me ha dicho mi amigo, que también es alcalde.

—Comprendo su punto de vista y la duda que su amigo ha podido infundirle, pero ¿su amigo alcalde también trabaja como anticuario?

—Claro que no, pero ello no impide que pueda ser un experto en muebles antiguos. Tiene tantas cosas bonitas en su casa que confío plenamente en él. Estoy segura de que tiene razón.

Paula, conocedora de sí misma, prosigue con tranquilidad. No permitirá que la memoria de su padre quede manchada, pues era un hombre honrado y trabajador.

—Señora, ya hace 20 años que nos dedicamos a este oficio. Algunas veces tenemos que restaurar la mercancía, por ejemplo rehaciendo por completo los cajones, pero siempre se lo hemos hecho saber a nuestros clientes y los precios no son los mismos. Continúo el negocio de mi padre, y al igual que él, soy una persona honrada. Ahora bien, señora, para nosotros no es ningún problema volver a quedarnos con su cómoda al precio por el que se la hemos vendido. Sin embargo, le garantizo que comete un gran error al querer devolverla, pero como parece usted tan convencida... De todos modos, ya está casi vendida, este tipo de muebles no los dejan escapar los expertos.

Paula se ríe por dentro. Encuentra que está siendo genial, sabe que no es cierto, que no tiene a nadie pendiente de comprar la cómoda, pero también sabe que el mueble es «buenísimo», como dice su marido, y ella no va a ceder. Paula advierte que la alcaldesa duda y que continúa enfadada.

—Bien —prosigue Paula—, entonces, ¿cuándo podemos pasar a recogerla?, porque así podré avisar a mi cliente para que, finalmente, la pueda comprar. ¿Le iría bien mañana por la mañana o a primera hora de la tarde?

Paula es consciente de la duda que se instala poco a poco en la alcaldesa. De hecho, se ha quedado aturdida por la elegancia, la amabilidad, el aplomo y el profesionalismo de Paula y por ello cambia de decisión y dice:

—¿Me podría hacer un certificado de autenticidad?

Paula, con una sonrisa, responde:

—¡Por supuesto!

Se acabó. Vencedora: Paula. ■

¡APROVECHE SUS EMOCIONES! LAS EMOCIONES AGRADABLES DEBEN SER UNA FUERZA MOTIVADORA QUE IMPULSE LA INTELIGENCIA EMOCIONAL.

reconfortado dándole esperanzas de que encontraría trabajo gracias a las personas que ella conoce. Ha sabido encontrar las palabras justas. Tiene reflejos y sabe adaptarse a la situación.

A veces las personas nos entusiasmamos por una buena noticia y, evidentemente, se la comunicamos a los de nuestro alrededor, a la pareja, a un amigo íntimo, a los hijos o a los compañeros del trabajo. Pero, antes de expresarnos ¿tenemos siempre la suficiente inteligencia emocional como para pensar en los demás y en las dificultades por las que pueden estar pasando?

La vida está sembrada de momentos agradables y de euforia, pero también de lo contrario, de momentos difíciles, fatigosos o insoportables. En dichos momentos es cuando se debe demostrar que somos capaces de superarlos, aunque estén repletos de emociones negativas.

De hecho, es en esos momentos difíciles cuando se tiene mayor necesidad de motivarse. ¿Por quién? ¿Para quién? Por y para nosotros mismos y para los otros, para poder asumir situaciones turbadoras, para ser capaces de reaccionar y encontrar soluciones a nuestra infelicidad...

Después de que se fue su clienta, Paula deja salir todas sus emociones. Se ríe y se felicita por su victoria. Piensa que la alcaldesa, que conocía a su padre, ha tenido poco tacto al no haber hecho alusión a su muerte. Esto la entristece un poco, pero se consuela dedicándole unos cuantos improperios para sus adentros.

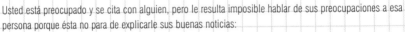

EJERCICIO

Observar

Usted está preocupado y se cita con alguien, pero le resulta imposible hablar de sus preocupaciones a esa persona porque ésta no para de explicarle sus buenas noticias:

1. ¿Qué piensa de esa persona? **2.** ¿Cuáles son sus emociones? **3.** ¿Le resulta motivadora la cita?

Al contrario, queda con una persona que escucha todo lo referente a sus emociones y problemas:

1. ¿Qué piensa de esa persona? **2.** ¿Qué siente usted? **3.** ¿Está usted más motivado al final de esta cita?

Entrenarse

Cuando se cite con alguien muéstrese atento ante las necesidades eventuales del otro, no se precipite, actúe en función del contexto y viva la emoción del presente.

Escuche o hable, pero elija con conocimiento de causa.

En esta otra escena de su vida, Paula demuestra que dejarse llevar por las emociones y estar consciente de ellas son dos cosas muy diferentes.

El anclaje

La clave de la inteligencia emocional es estar consciente de las emociones según van surgiendo. Se podría pensar que las emociones se expresan de un modo espontáneo. Sin embargo, se conservan en nuestra mente precisamente aquellas emociones que hemos reprimido no prestándoles la suficiente atención, o haciéndolo demasiado tarde, o incluso pasándolas por alto.

En este ejemplo, la alcaldesa se deja dominar por sus emociones: piensa que ha sido objeto de una estafa y se deja llevar por su enojo. No reflexiona sobre la situación de Paula ni sobre el tono que está utilizando.

Por el contrario, Paula se muestra atenta a sus reacciones y utiliza las emociones como anclaje (por ejemplo, la concha que le recuerda las Antillas) para controlarse y no entrar en el juego de la alcaldesa. Se motiva gracias a las emociones del momento (el recuerdo de las Antillas y de su padre).

Durante el proceso de aprendizaje de la motivación, el anclaje se ejercita sobre todo de un modo consciente. En el caso de Paula, como tiene una conciencia que le permite, mediante el recuerdo de emociones agradables, tener una actitud positiva respecto a su comportamiento, el anclaje se ha convertido en un reflejo y lo ejecuta de un modo inconsciente.

Esto ocurre cuando se está motivado.

Las asociaciones que resultan de los anclajes se denominan anclas. Nuestra vida diaria está llena de estas anclas. Todos hemos sentido en algún momento las sensaciones de alegría, de enojo o de miedo que se pueden experimentar, por ejemplo, al escuchar música, ver un uniforme escolar o escuchar el nombre de alguien. La publicidad es una «máquina» que fabrica anclas.

Aquí tenemos algunos ejemplos de anclas inconscientes:

• Cuando aprueba un examen, Isabel siempre se pone su ropa preferida.

UTILICE SUS EMOCIONES. LAS EMOCIONES TIENEN QUE SER ÚTILES Y AYUDARLO A MOTIVARSE CUANDO PASA POR EXPERIENCIAS DESAGRADABLES O DESMOTIVADORAS.

¿QUÉ ES EL ANCLAJE?

Un anclaje en **programación neurolingüística** (PNL♦) consiste en asociar una reacción interna con un estímulo externo, de modo que se pueda reproducir esta reacción utilizando el mismo estímulo. Un anclaje puede ser visual, auditivo o cinestésico. El anclaje es un fenómeno inconsciente que provoca comportamientos condicionados negativos o positivos y que puede llevarse al ámbito consciente.

• Anclaje auditivo: representación de una realidad a partir de una información auditiva.

• Anclaje visual: representación de una realidad a partir de una imagen.

• Anclaje cinestésico: representación de una realidad a partir de una percepción táctil, olfativa, gustativa o sensorial.

♦ *El PNL es una teoría de la comunicación y del desarrollo personal surgida en la década de 1970 y definida por dos investigadores: Grinder y un matemático llamado Richard Brandler, ambos doctores en psicología.*

• La visión de una playa y una palmera hace pensar en unas buenas vacaciones.

• El sonido de unos cubitos de hielo da una sensación de frescor.

• El ruido de las uñas al pasar por una pizarra produce dentera.

También se pueden utilizar anclas de un modo consciente y positivo:

• Cuando el Sr. X quiso dejar de fumar, su médico le preguntó lo que le evocaba el hecho de dejar de fumar. El Sr. X respondió: me hace pensar en un gran bosque. Fue a comprar un póster con una fotografía de un bosque magnífico y lo colgó en su despacho. Cuando alguien le ofrece un cigarrillo, el Sr. X sólo tiene que volverse para mirar su póster y hacer como si respirara el olor del campo para alejarse de la tentación.

Este procedimiento se denomina «estado de recurso».

Pero, en contrapartida, hay que estar atento para no emplear anclas negativas:

• El marido que besa a su mujer en el cuello cada vez que ella se enfada... El simple hecho de besarla de nuevo en el mismo lugar puede producirle un estado de nerviosismo automáticamente.

En conclusión, para poder motivarse cuando crea que lo necesita, basta tener conciencia de sí mismo a fin de sacar partido de sus emociones y de poner las anclas (anclaje) allí donde las pueda usar.

DESARROLLE UN PENSAMIENTO CREATIVO

Presentaremos el pensamiento creativo basándonos en:

• Una definición del pensamiento creativo.

• La elaboración del pensamiento creativo.

- El pensamiento creativo y sus consecuencias en nuestra motivación.
Todas las personas poseen un potencial creativo importante, pero generalmente no lo explotan como deben porque:
- No saben que lo poseen.
- No saben emplearlo.
- Viven aún según las normas de una educación basada en el pasado y en modelos preestablecidos que dan seguridad.
- Prefieren la actitud cartesiana y escéptica que conduce a suprimir los riesgos a aquella que propone o les hace proponerse ideas originales.

Según Claude-Pierre Vincent, profesor del Instituto Francés de Gestión, «la creatividad consiste en la capacidad de salir del marco de la problemática para buscar, en ámbitos aleatorios, aquellos elementos que son capaces de provocar el surgimiento de soluciones novedosas».

La definición del pensamiento creativo

En los estados de desmotivación, la primera reacción es la de refugiarse en aquello que ya se conoce. En las dos primeras partes de este libro se ha explicado que la desmotivación proviene de nuestro entorno y que es capaz de bloquear la capacidad de motivación.

EJERCICIO
Encuentre las anclas que existen en el caso de Paula y analice las ventajas que le puede reportar su uso.

EJERCICIO
La conciencia de uno mismo se adquiere observándose. Cuando vive momentos intensos:
1. ¿Los percibe?
2. ¿Los analiza?
3. ¿Los memoriza intencionadamente?
En períodos en los que se sienta desmotivado, practique lo siguiente:
1. Recupere emociones vividas que puedan serle útiles.
2. Seleccione un anclaje que le motive.
3. Utilice ese anclaje y actúe.
4. ¿Qué puede deducir de ello?

Ejemplo de ello son la falta de realismo, el aislamiento, la falta de confianza en uno mismo, las interpretaciones, la salud... Sólo tratamos de salir del atolladero y de motivarnos a partir de lo que ya conocemos. Pero si nada de lo que conocemos nos puede servir porque nuestros modelos y referencias no se corresponden con el problema que tenemos, nos aislamos y nos abandonamos. Entonces, sólo el pensamiento creativo nos permitirá desviarnos de la «autopista del pensamiento» y encontrar caminos alternativos. La creatividads puede ayudarnos a resolver nuestros problemas y a encontrar nuevas ideas justo cuando creemos cerradas todas las salidas. Es un elemento esencial que permite construir nuestra motivación.

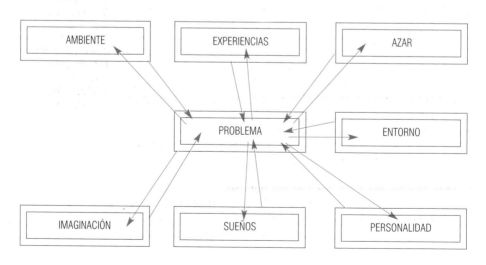

El esquema de la página anterior muestra lo que se debe tener en cuenta para resolver un problema y, de ese modo, salir de la rutina y desarrollar el pensamiento creativo.

Roger Van Oech♦ afirma que si «queremos ser creativos, sólo necesitamos mirar lo mismo que los demás pero pensar de un modo diferente». A veces es necesaria una conmoción que haga temblar nuestro modo de pensar para motivarnos.

♦ *Consultor, diplomado en la Universidad de Stanford, «gurú» de Silicon Valley, ha desarrollado sus propios métodos para romper las cadenas que frenan la creatividad.*

EJEMPLO: ROSA

Rosa y su familia viven en una casa que pertenece a sus suegros. La casa nunca será para ella, ya que sus suegros han planificado la herencia de otra manera y han decidido dejar a su hijo la casa en la que viven ellos. Rosa no está contenta con esta situación, pues no puede hacer las reformas y mejoras necesarias. Por este motivo propone comprarles la casa en la que vive. La respuesta de su suegra le causa un gran desconcierto: «¡No pretenderán quitarnos nuestros bienes!» Rosa está hundida y completamente desmotivada. ■

El futuro de Rosa parece estar trazado. Pero a la pregunta: ¿Dónde deben vivir?, la «respuesta correcta» parece ser: Rosa y su familia deben vivir en esa casita hasta que se mueran sus suegros y después mudarse a la casa de ellos. Rosa se hubiera contentado con recibir como herencia la casa en la que vive. La conmoción que le produce la respuesta negativa de su suegra la impulsa a plantearse el futuro de un modo completamente distinto y a cuestionarse muchas otras cosas: ¿Por qué tengo que aceptar lo que han decidido por mí? ¿Qué interés tiene vivir casi toda una vida sin poder gozar de una casa a mi gusto? ¿Si tengo los medios para comprar esta casa por qué no me puedo comprar otra distinta? ¿Qué es lo que me bloquea? ¿Es importante? ¿Este modo de vida es el único y el correcto? Rosa decide ir al notario para que le proponga diferentes soluciones. Al final, encuentra una que le agrada y convence a su marido. Ahora viven en una preciosa casa de su propiedad y en la que ella hace las reformas que quiere.

Así, al igual que Rosa, si multiplica las preguntas, puede obtener una gama mayor de posibilidades y, de este modo, más motivación.

EL PRIMER PASO HACIA EL PENSAMIENTO CREATIVO ES TOMAR CONCIENCIA DE QUE ESTAMOS EDUCADOS PARA BUSCAR LA RESPUESTA CORRECTA, Y QUE ÉSTA NO TIENE POR QUÉ SER FORZOSAMENTE LA SOLUCIÓN.

• **El pensamiento rígido y el pensamiento maleable**
Hay dos categorías de pensamiento: el **pensamiento rígido** y el **pensamiento maleable**. El pensamiento rígido es cartesiano, hace que se vean las cosas bajo una visión lógica y exacta. El pensamiento maleable, al

Metáfora: proceso por el cual se asocia el sentido literal de una palabra al sentido abstracto de otra sin utilizar una comparación con sentido explícito. Ejemplo: la luz del espíritu, la flor de los años, arder de deseo.

Analogía: relación de similitud que presentan dos o más cosas o personas. Ejemplo: la piel suave y el terciopelo.

contrario, es menos rígido y más difuso, y por ello nos abre el campo de la reflexión y nos lleva a que consideremos nuestros problemas según diferentes puntos de vista. Es importante desarrollar ambas formas de pensamiento. Para combatir los frenos del pensamiento rígido debemos recurrir a las **metáforas***.

Las metáforas tienen una vertiente poética y **analógica*** que nos permite construir el pensamiento creativo e imaginar nuevas soluciones que nos conducen hacia la motivación.

La elaboración del pensamiento creativo

Existen dos fases principales en el proceso inicial del pensamiento creativo:

• Una **fase embrionaria** en la que las ideas se conciben y entran en confrontación.

• Una **fase práctica** en la que se evalúan y se ejecutan.

El pensamiento maleable es útil sobre todo a lo largo de la fase embrionaria. Pero no resulta lo más adecuado tener un pensamiento maleable durante la fase práctica, justo en el momento en el que para ejecutar una idea son preferibles la firmeza y la franqueza a los sueños y la ambición. El sistema educativo está concebido para desarrollar el pensamiento rí-

gido, pero no para favorecer el pensamiento maleable que, sin embargo, es necesario para la resolución de problemas o para la búsqueda de nuevos puntos de apoyo que desarrollen la motivación. Los tests de CI son el vivo ejemplo de esta lógica. El talento musical, el don de la decoración, de la pintura o de la cocina, por ejemplo, no se tienen en cuenta cuando se trata de realizar tests de inteligencia.

Si usted tiene tendencia a desarrollar un pensamiento rígido que bloquea su potencialidad creativa, puede que le resulten muy útiles las metáforas, porque éstas ayudan a comprender una idea encontrando otra y asociándola con aquella. La analogía es la clave del pensamiento metafórico. En efecto, la evolución de nuestro pensamiento se realiza del siguiente modo: comprendemos aquello que nos extraña cuando establecemos analogías con lo que nos resulta familiar.

EJERCICIO
1. Cree metáforas sobre la vida según el sentido que usted le otorga.
2. Diviértase pidiendo a sus familiares que piensen cinco metáforas.
Los siguientes ejemplos le darán una pista de cómo hacerlo:
- La vida es como una pieza de música. Tiene un principio, un desarrollo y un final. Ofrece ritmos diferentes, estribillos, pasajes armoniosos o inesperados. Puede gustar más o menos, pero el modo como se toca es único.
- La vida es como un crucero. Hay períodos de buen viento, de sol, de calma chicha o de tormenta. Lo esencial es conocer el rumbo y conservarlo.
- La vida es como un libro. Se van pasando páginas y los capítulos avanzan dejando impresiones diferentes y aportando siempre un poco más de información sobre sus facetas.

El neuropsiquiatra Roger Vigouroux afirma: «Entre los tres y los seis años se produce el período más rico de producción, definido como la auténtica edad de oro de la creación... La producción verbal en esta etapa rebosa de imaginación y de fantásticas y ocurrentes metáforas.» Ofrece algunos ejemplos como «el humo de las chimeneas son cortinas que tapan el sol» o «las nubes y el sol se convierten en 'apariciones del Señor', o en el 'perfil de una bruja'...» Vigouroux precisa que estos pensamientos creativos, tan importantes para los artistas, se desvanecen a lo largo de los años, asfixiados por los esquemas rígidos, las normas establecidas y la educación, que condicionan el funcionamiento de nuestra mente.

Aquello que es cierto en un momento X no tiene por qué serlo en el momento X + 1. Una norma que es válida en cierto contexto deja forzosamente de estar actualizada cuando ese contexto evoluciona o se modifica. Es necesario olvidar, omitir voluntariamente ciertas normas para poder crear otras. De este modo, se evita permanecer atado a una única manera de actuar o de pensar.

El ejemplo de esta página demuestra que sin cambiar de objetivo, los medios para conseguirlo sí pueden variar.

El pensamiento creativo y sus consecuencias en la motivación

• La imaginación

Para salir de la realidad de las cosas, de las soluciones habituales, del ambiente familiar, haga el ejercicio de la página siguiente, que quizás usted conoce como el «retrato chino», y practíquelo a menudo. Propon-

EJEMPLO: EL PROFESOR DE CAROLINA ROMPE LAS REGLAS

Carolina, una estudiante, entra en el aula para asistir a una clase de ventas. Suena una canción. Los estudiantes están agradablemente sorprendidos, pero no reaccionan. El profesor toma el micrófono y dice: «¿No quieren seguir el ritmo con las manos o los pies?» Los alumnos asienten. «Entonces, ¿por qué no oigo nada? Bueno, hagan lo que quieran.» De repente se escucha un gran barullo en la clase. Los estudiantes, desconcertados, conscientes de estar viviendo un momento único, se dejan llevar y dan palmas con las manos, golpean el suelo con los pies y se lo pasan en grande. Cuando termina la canción, el silencio vuelve a imponerse en el aula. Los estudiantes esperan una explicación.

«¿Se preguntan por qué, en contra de lo habitual, o sea del silencio que debe reinar en el aula, les doy permiso para que hagan ruido y se dejen llevar? –pregunta el profesor–. Porque, como han podido constatar, es una manera original de conseguir que se callen y presten atención. ¡Es una demostración simple pero eficaz de que es posible alcanzar un objetivo saltándonos las reglas y utilizando la creatividad!»

Y el profesor continuó la clase del mismo modo. Carolina estaba entusiasmada. ∎

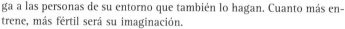

> **EJERCICIO El retrato chino**
> Ejercite su imaginación según el modelo de las preguntas siguientes:
> Si tuviera seis años ¿qué les pediría a los Reyes Magos?
> Si fuera diseñador de coches ¿cómo sería mi modelo ideal?
> Si cambiara de oficio ¿a qué me dedicaría?
> Si cambiara de casa ¿cómo sería mi nueva casa?

ga a las personas de su entorno que también lo hagan. Cuanto más entrene, más fértil será su imaginación.

Cultive su imaginación permanentemente, cuando se encuentre solo conduciendo, en una sala de espera, en la cola del cine. Cuando acueste a sus hijos, juegue con ellos al «retrato chino» y verá cómo se le abren nuevos horizontes. Surgirá progresivamente una vida cotidiana diferente.

• La risa

La risa permite oxigenar el cerebro, destensar los músculos y liberarse. Liberar sus ideas, su espontaneidad, sus preocupaciones, su lado más infantil, equivale a la sensación que tenía cuando llegaba la hora del recreo en el colegio.

El humor y la risa permiten relajarse y empezar el día con buen pie para afrontar la rutina, las preocupaciones, y para enfrentarse con los problemas que nos afectan y desmotivan. Estos dos elementos participan en el cambio de humor, nos permiten encarar las situaciones con empuje y dar lo mejor de nosotros mismos.

• Pequeños episodios humorísticos...

• Mi profesor de biología insistía tanto en la necesidad de ahorrar agua y gasolina y en reciclar al máximo los materiales de uso cotidiano, que he acabado por hacerle caso. Siempre dejo el coche en el garaje para tomar el autobús y tiro las botellas en los contenedores destinados a tal efecto.

Cuál sería mi sorpresa cuando leí en el examen que me entregó la siguiente observación:

«Te agradecería que me entregaras las tareas en un papel de mejor calidad.» ¡Pero si se los había entregado en papel reciclado!

• Dado que soy madre de dos niños muy pequeños, intento evitar las colas de espera. Por esta razón siempre utilizo los cajeros automáticos.

> TENER HUMOR, REÍRSE DE UNO MISMO, DE LOS DEMÁS, DE LAS SITUACIONES GROTESCAS... RELAJARSE GRACIAS A LA RISA. LA RISA CURA, DA VALOR, INCLUSO SANA... LA RISA MOTIVA PORQUE PROPORCIONA ENERGÍA PARA HACER COSAS.

CORRER RIESGOS,
COMETER ERRORES
PARA TOMAR EL
CAMINO CORRECTO
DE LA INNOVACIÓN.
LA CREACIÓN Y LA
INVENCIÓN SON
FUENTES DE
MOTIVACIÓN.

Pero el otro día, como parecía que mis hijos se mostraban cooperantes conmigo, decidí entrar en el banco para ingresar algunos cheques. Mientras hablaba con el empleado bromeé sobre el hecho de que al usar siempre los cajeros había olvidado cómo se llenaban los formularios del banco.

«Mire usted, señora, su formulario está perfecto —me respondió—. ¡El único problema es que su banco es el de enfrente!»

• **El riesgo**

La persona que nunca corre riesgos y nunca comete errores no puede ser creativa. Los errores suelen ser fuente de nuevas ideas y resultan motivadores, ya que nos llevan a no volverlos a cometer. A menudo el error es útil, forma parte de la experiencia, hace «crecer» y permite mejorar o perfeccionar las situaciones.

EJEMPLOS DE CÓMO APRENDER DE LOS ERRORES

• Olvidar que tiene que grabar una propuesta en su computadora, gruñir, refunfuñar, después volverla a hacer pero mejorando la idea y dar gracias al cielo.

• Un ama de casa prepara para cenar ostras calientes con una salsa de crema de leche, filete de ternera con crema de leche y de postre fresas con crema de leche... y se da cuenta de que tres de sus seis invitados detestan la crema de leche y no comen nada. Contrariada por la composición de su menú, intenta buscar una solución y les ofrece queso y paté. Resultado: ha cometido una vez el error, pero ya no le volverá a pasar. A partir de ahora tratará de variar la composición de sus menús.

• Hacer el lanzamiento de un teléfono móvil en el mercado y darse cuenta de que es un error porque está obsoleto. Fracaso total. Analizar las razones del fracaso. Trabajar un nuevo concepto. Adaptarse mejor a las necesidades, anticipar los gustos y los colores que puede solicitar el mercado, etcétera. ■

«DIME Y OLVIDARÉ,
ENSÉÑAME Y ME
ACORDARÉ,
IMPLÍCAME
Y APRENDERÉ.»
CONFUCIO

EJERCICIO

1. Intente recordar las veces que ha corrido algún riesgo a lo largo de su vida.

2. Piense en un error que haya cometido y analícelo:
• ¿Ha podido reproducirlo?
• ¿Lo ha aprovechado para mejorar?
• ¿Ha sido fuente de ideas nuevas? ¿Cuáles?
• ¿Le ha motivado dicho error?

• El juego

Se ha podido constatar, y cada día más, que en el ámbito de la educación el juego es un medio eficaz de aprendizaje. ¿Por qué? Porque cuando jugamos estamos especialmente motivados e implicados y, de este modo, podemos integrar mejor lo que nos están enseñando.

«Si das pescado a un pobre, le das comida por un día; si le enseñas a pescar, le darás comida para toda la vida.» Todos somos conscientes de la importancia de este proverbio, aunque sigamos enseñando de un modo retrógrado cómo se debe pescar. La formación, la enseñanza y la educación aún son sinónimos de severidad, de austeridad o de castigo. La idea de que «la letra con sangre entra», de que cuanto más duro, más eficaz será el aprendizaje, proviene de aquella generación de profesores que asocian el juego con el desorden.

La enseñanza lúdica parte del principio de que es inútil sufrir para aprender o progresar. Al contrario, jugar para solucionar un problema concreto permite desarrollar más rápidamente la imaginación, ya que la motivación y la implicación son mucho más fuertes.

CONSIDERE EL JUEGO COMO UNA HERRAMIENTA DE TRABAJO. CONSIDERE EL TRABAJO Y LOS PROBLEMAS COMO JUEGOS. EL JUEGO FORTALECE EL ESPÍRITU Y MOTIVA A AQUELLOS QUE PARTICIPAN EN ÉL, PUESTO QUE, A MENUDO, TODOS ACABAN IMPLICÁNDOSE.

• La curiosidad

La curiosidad es una gran cualidad, pues significa interesarse por multitud de cosas que superan nuestros conocimientos. Se trata de ir a la

EJERCICIO

1. Cite cinco juegos en los que haya participado, que tenga y que conozca.

2. Explíquelos en pocas palabras.

3. Coméntelos y analice la posición y el papel de cada jugador. ¿Qué conclusiones puede extraer?

Ejemplo:

Juego	Reglas	Comentarios	Deducciones
Abalone	Juego de estrategia para dos jugadores. En un tablero octogonal cada jugador posee una cantidad de bolas. El objetivo es sacar cinco bolas del campo del contrincante.	Este juego requiere concentración. Hay que ser capaz de anticipar los movimientos e imaginar las reacciones del adversario.	Al final de este juego, divertido y amistoso, los dos participantes están contentos, relajados, se sienten felices. Hablan de sus respectivas estrategias. El clima es muy agradable.

SEA CURIOSO. LA CURIOSIDAD ES INDISOCIABLE DE LA MOTIVACIÓN.

SOÑAR DESPIERTO Y PROYECTARSE EN EL FUTURO. LOS SUEÑOS, COMO LOS PROYECTOS, SON EL BÁLSAMO DE LO COTIDIANO, LA PARTE REALIZABLE DE LO IMPOSIBLE, EL EXOTISMO DEL CEREBRO. SON LAS HERRAMIENTAS DE LA MOTIVACIÓN.

caza de ideas, de ser astuto y estar abierto, además de atento, a todo aquello que nos rodea. ¿Qué nos puede interesar? Por ejemplo, el teatro, la pintura, la costura, la fotografía, los viajes, las exposiciones, los cementerios, los mercados, la historia, el deporte, los libros, las plantas, las flores... Esta lista, evidentemente, no es exhaustiva. Sea cual fuere su actividad profesional, cualquier nuevo campo puede ser una fuente de inspiración y, a su vez, de motivación.

• Los ensueños

Fantasía: representación imaginaria que traduce los deseos más o menos conscientes. Las fantasías pueden ser conscientes (sueños diurnos, proyectos, realizaciones artísticas) o inconscientes (sueños, síntomas neuróticos).

Soñar despierto ayuda a desarrollar la creatividad, la imaginación y la motivación. Las **fantasías**♦ y los sueños son las herramientas imprescindibles del pensamiento creativo que conduce a la motivación.

La definición que ofrecen los diccionarios es interesante en la medida en que incluye la noción de proyecto. Los sueños son elementos que participan en la motivación pero también en la desmotivación. La falta de proyectos es una fuente de desmotivación. Es natural y evidente que tener proyectos es esencial para estar motivado. La elaboración del pensamiento creativo tiene como finalidad el poder proyectarse en el futuro a través de las fantasías y los sueños.

En un sueño se puede ser rey o reina, hada o mago, actor o modelo famoso e incluso pirata o cazador... aunque normalmente se prefiere formar parte del grupo de personas honorables. Se puede ser rico, guapo y famoso, atractivo y totalmente satisfecho de nuestro papel. Según Hanna Segal, psiquiatra polaca, «al contrario que el sueño nocturno, el hecho de soñar despierto pasa por alto la realidad interna y los conflictos más íntimos. Es la consecución del deseo más omnipotente... los ensueños son siempre egocéntricos». Hanna Segal pormenoriza aún más y dice que «sólo las personas atemorizadas, limitadas y los individuos rígidos están privados de la facultad de soñar despiertos. La falta de dicha personalidad hace que sean personas endebles y pobres». Una buena dosis de sueños y fantasías puede ayudar a formular proyectos, de los que algunos se cumplirán. La elaboración y el cumplimiento de los proyectos forman parte de la motivación.

Cuando la fantasía y la imaginación se encuentran, se está menos pendiente de uno mismo y se es más consciente de los demás y del entorno. La fantasía y la imaginación corren a la par y favorecen la creación de ideas para los proyectos.

Este ejemplo muestra que la fantasía utiliza el «como si fuera...» mientras que la imaginación utiliza el «lo que pasaría si fuera...». El proceso permite iniciar cierto número de proyectos. No todos son realizables porque algunos no son realistas; otros, por el contrario, sí son posibles.

EJERCICIO
1. Escriba sus fantasías.
2. Explique una o varias historias imaginarias relacionadas con sus fantasías.
3. Haga una lista de proyectos sin autocensurarse.

El ejemplo siguiente puede ayudarle a comprender el proceso:

Fantasía	Imaginación	Proyectos
«Como si fuera» cantante. Tengo un repertorio de folk americano que me gustaría mucho interpretar. Me he hecho famoso. Veo cómo salgo al escenario, en una sala repleta e inmensa. El ambiente es muy caluroso...	«Lo que pasaría si fuera cantante.» Debería estudiar mucho piano, lanzaría álbumes, el ambiente de trabajo sería genial. Me codearía con músicos profesionales. Viajaría muchísimo.	Practicar piano Viajar Conocer músicos Cantar Escribir canciones

EJERCICIO Solución al ejercicio de la página 84

Maleable	Rígido
Metáfora	Lógica
Sueño	Razón
Humor	Precisión
Ambigüedad	Constancia
Juego	Trabajo
Aproximativo	Exacto
Paradoja	Realidad
Difuso	Directo
Intuición	Análisis
Generalización	Específico
Niño	Adulto

CONOCERSE MEJOR PARA MOTIVARSE MEJOR

Saber cuáles son sus puntos fuertes y sus puntos débiles es imprescindible para que pueda desarrollar una motivación «controlada» y realista.
Así pues, teniendo en cuenta que es usted quien domina el juego, debe aprender a conocerse bien y, sobre todo, a concretar lo que sabe hacer, lo que no sabe hacer tan bien y lo que es incapaz de hacer.
A menudo el fracaso de algunos proyectos se debe a la falta de objetividad respecto a uno mismo.
Debe aprender a identificar sus recursos personales, ya que son aquellos con los que puede contar y no con los de los demás.

DEFINA LAS RAZONES DEL ÉXITO

Para descubrir sus puntos fuertes y sus puntos débiles, debe entender y analizar los mecanismos que utiliza cuando fracasa o alcanza el éxito. Es preferible determinar las razones del éxito para crear distintos modelos que pueda repetir y que le ayudarán a motivarse para conseguir otros objetivos.

• Análisis

En el ejemplo de la página siguiente verá que Lucas lo ha conseguido porque estaba motivado, porque creía en su proyecto. Podríamos contentarnos con esta respuesta, pero eso querría decir que basta con querer para poder. La voluntad es uno de los componentes del éxito, pero aunque es necesaria, no es suficiente. Entonces ¿cuál ha sido el proceso de Lucas? Estas son las razones de su éxito:

- Lo ha conseguido porque ha dado los pasos necesarios para que todas las posibilidades jugaran a su favor: un estudio financiero, una formación y un estudio de mercado.
- Lo ha conseguido porque tuvo la certeza de que su familia se reuniría con él en la provincia en breve.

Lucas tiene 30 años. Llevaba siete años trabajando en un banco en México pero lo han despedido, junto con 30 compañeros más, a causa de una reestructuración. Es contador y ejercía su oficio en dicho banco. Está casado y tiene tres hijos. Su mujer es profesora en un municipio cerca de México, el mismo en el que compraron la casa hace tres años. De hecho, Lucas se aburría en su trabajo pues hubiera preferido estar en contacto con el público. Ya llevaba algún tiempo pensando que sería muy positivo poder cambiar de trabajo. Incluso había empezado un curso de formación cuando recibió la noticia.

Una vez pasado el impacto inicial, Lucas decide tomar las riendas de su futuro y crear su propio negocio. Un amigo suyo es propietario de un restaurante en la capital y le propone abrir otro establecimiento en la provincia. Lucas estudia la situación financiera de su amigo, pide un curso de formación para aprender a gestionar este tipo de establecimientos y también un estudio de mercado de la zona donde piensa abrir el restaurante. Paralelamente a todos estos trámites, habla del proyecto con su familia y, juntos, aceptan la aventura. Sus hijos están contentos con la idea de ir a vivir a la provincia y así poder jugar más tiempo. Su mujer ya está harta de la vida en la ciudad y quiere aprovechar la ocasión de descubrir otra región. A ella le encantan las excursiones por la montaña y es una apasionada de la geología. El carácter independiente de Lucas, eclipsado durante estos años por el trabajo en el banco, alcanzará su pleno desarrollo gracias a este proyecto.

Seis meses más tarde, Lucas se asocia con su amigo y empieza la aventura: se debate entre sus amigos, que le dicen que está loco por abandonar la ciudad, la burocracia, que pone toda clase de trabas, y la Secretaría de Educación Pública, que tardará dos años en trasladar a su mujer... Su motivación le ayuda a ser optimista. Efectivamente, al cabo de un año, después de haber pasado por algunos momentos difíciles, Luis ha abierto el restaurante, su mujer ha conseguido el traslado y han podido vender la casa. Algunos amigos, que aún están desempleados, lo visitan de vez en cuando y le dicen: «¡Qué suerte has tenido!» ∎

- Lo ha conseguido con el apoyo de su familia, que estaba de acuerdo en participar en el juego y asumir con él los riesgos del cambio. Evaluaron conjuntamente los pros y los contras.

Los obstáculos que encontró, las preocupaciones financieras, las trabas administrativas, el traslado de su mujer, la opinión de los demás, hubieran desanimado a más de uno. Pero Lucas y su familia han sabido enfocar el futuro, y la perspectiva de las ventajas de su nueva si-

EJERCICIO
Analice las razones del éxito de Lucas.
1. ¿Por qué lo ha conseguido?
2. ¿Ha tenido las cosas fáciles?
3. ¿Qué obstáculos ha encontrado?

EJERCICIO

1. Piense en el último éxito que haya tenido ya sea profesional, privado, familiar o social.

2. Utilice la escala de dimensiones causales de la página siguiente para analizar su éxito. Posiciónese marcando un número por cada pregunta.

tuación les ha ayudado a mantenerse a flote durante los momentos difíciles.

Lucas ha sabido aprovechar la ocasión, se ha aferrado a ella y se ha beneficiado. Evidentemente no es la única causa de su éxito. ¿Normalmente ve usted pasar la suerte «por su lado»?

En su análisis, debe usted formularse una serie de preguntas para delimitar los motivos de su éxito y, así, ser capaz de reutilizarlos.

Analice cada respuesta y comprenderá por qué ha tenido éxito en su empresa. Este análisis le permitirá, en otra situación distinta, saber desde el principio a dónde quiere llegar y de qué medios dispone.

CONOZCA SUS PROPIAS NECESIDADES

Todos somos distintos y todos tenemos diferentes grados de motivación que aplicamos para satisfacer nuestras necesidades. Las aventuras de Robinson Crusoe, que se quedó solo en una isla desierta después de haber naufragado, son interesantes al respecto. Vea por qué Robinson Crusoe no desfalleció y logró salir adelante.

Después del naufragio, Robinson Crusoe se encontró solo, perdido y sin nada. El instinto de supervivencia le permitió encontrar los medios para beber y comer. Una vez satisfechas las primeras necesidades, se protegió del frío, de la lluvia y de los depredadores construyéndose una casa. Alrededor de esa casa organizó su vida y puso en práctica todos los trucos necesarios para sobrevivir: beber y comer (caza y pesca) y protegerse (un techo para él y para resguardar el forraje de los animales).

Una vez satisfechas estas necesidades, Robinson Crusoe empezó a sentirse solo y requirió compañía. Finalmente encontró a Viernes. Robinson ya no estaba solo, pertenecía a una comunidad de dos personas y esto influyó en su comportamiento. Buscó la estima de Viernes. Después obtendrá el reconocimiento de sus salvadores, que admirarán el «trabajo» realizado en la isla y el coraje de este hombre para sobrevivir en un medio difícil. Finalmente, cuando volvió a su casa, respetado

Según la escala de las dimensiones causales de Russell

(P) 1. El motivo de su éxito:

¿Refleja un aspecto de usted mismo?	9	8	7	6	5	4	3	2	1	¿Refleja un aspecto de la situación?

(C) 2. El motivo de su éxito:

¿Lo controla usted u otras personas?	9	8	7	6	5	4	3	2	1	¿No lo controla ni usted ni los demás?

(E) 3. El motivo de su éxito es:

¿Permanente?	9	8	7	6	5	4	3	2	1	¿Temporal?

(C) 4. El motivo de su éxito:

¿Es bueno para usted y para los demás?	9	8	7	6	5	4	3	2	1	¿No es bueno para usted ni para los demás?

(P) 5. El motivo de su éxito:

¿Está en su interior?	9	8	7	6	5	4	3	2	1	¿Es exterior?

(E) 6. El motivo de su éxito:

¿Es estable en el tiempo?	9	8	7	6	5	4	3	2	1	¿Es variable en el tiempo?

(P) 7. El motivo de su éxito proviene:

¿De usted?	9	8	7	6	5	4	3	2	1	¿De los demás?

(E) 8. El motivo de su éxito:

¿No puede cambiar?	9	8	7	6	5	4	3	2	1	¿Puede cambiar?

(C) 9. El motivo de su éxito es una cosa de la cual:

¿Nadie es responsable?	9	8	7	6	5	4	3	2	1	¿Alguien es responsable?

(P) = personal, (C) = control, (E) = estabilidad

por las personas próximas, se sintió realizado escribiendo sus memorias.

Las motivaciones de Robinson Crusoe no fueron las mismas cuando estaba solo en la isla que cuando volvió a su casa.

La pirámide de necesidades de Maslow

Maslow* ha identificado cinco categorías de necesidades subyacentes a la motivación. Son las siguientes:

1. Necesidades fisiológicas (comer, dormir, abrigarse...).
2. Necesidades de seguridad (un techo, hábitos, estar protegido...).
3. Necesidades de pertenencia (tribu, familia, clan, país, lengua, partido, religión...).
4. Necesidades de estima o reconocimiento (título, rango, galón, signo exterior, jerarquía, organización social...).
5. Necesidades de superación de sí mismo (reflexión interior, filosofía, meditación, ambición intelectual...).

La organización piramidal de las necesidades es interesante ya que, según Maslow, sólo podemos satisfacer una necesidad superior si las necesidades básicas están satisfechas.

*Abraham Maslow (1908-1966). Psicólogo estadounidense, es el autor de El hombre autorrealizado: hacia una psicología del ser, obra en la que expone una teoría humanista sobre la motivación, según la cual el individuo siente una necesidad permanente de autoanalizarse y de desarrollar su potencial.

EJERCICIO Descubra sus necesidades a través del siguiente test

Dispone de 100 puntos que debe repartir, según sus preferencias, entre las siguientes 35 sugerencias de necesidades.
Debe elegir obligatoriamente entre 6 y 15 propuestas.

Número	Puntos	Propuesta
1	☐	Tener un empleo fijo.
2	☐	Hacerse respetar.
3	☐	Respetar los horarios, planificar períodos de descanso, de placer.
4	☐	Recibir un sueldo elevado.
5	☐	Gestionar una empresa de renombre.
6	☐	Beneficiarse de unas condiciones de trabajo óptimas.
7	☐	Disfrutar de la naturaleza.
8	☐	Realizar un trabajo de calidad.
9	☐	Progresar.
10	☐	Llevarse bien con los demás.
11	☐	Mantener un plan de comunicación coherente.
12	☐	Arriesgarse.
13	☐	Ocupar un puesto o tener un estatus en la empresa.
14	☐	Ascender.
15	☐	Realizar un trabajo motivador.
16	☐	Obtener una pensión, la jubilación y aprovechar los beneficios sociales.
17	☐	Beneficiarse de servicios: deportes, viajes.
18	☐	Estar en una empresa líder.
19	☐	No tener que trabajar demasiado.
20	☐	Saber lo que pasa en la empresa.
21	☐	Tener la sensación de que realiza un trabajo importante.

22	☐	Pertenecer a un organismo de representación cercano a la dirección.
23	☐	Tener una tarea definida.
24	☐	Tener un jefe que lo felicite por el trabajo realizado.
25	☐	Trabajar en una empresa en la que todos tienen una función bien definida.
26	☐	Desarrollarse en una empresa dinámica.
27	☐	Asistir al máximo de reuniones.
28	☐	Estar de acuerdo con los objetivos de la empresa.
29	☐	Disfrutar de libertad en el trabajo.
30	☐	Tener oportunidades para el desarrollo personal.
31	☐	Recibir una indemnización, si es necesario.
32	☐	Tener un superior competente.
33	☐	Escoger las fechas de las vacaciones.
34	☐	Trabajar bajo supervisión constante.
35	☐	Trabajar cerca de casa.
TOTAL	100 puntos	

Retomando la pirámide de las necesidades definida por Maslow:

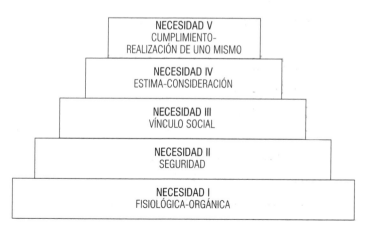

NECESIDADES	NÚM. DE SUGERENCIA	PUNTOS CONCEDIDOS	TOTAL
I	3, 6, 7, 17, 19, 33, 35.		
II	1, 9, 16, 18, 22, 31, 34.		
III	2, 5, 10, 11, 20, 27, 32.		
IV	4, 8, 13, 21, 23, 24, 29.		
V	12, 14, 15, 25, 26, 28, 30.		

Se clasifican las diferentes sugerencias según esta jerarquía:
Reparta sus puntos en las casillas de la necesidad que corresponde con la sugestión indicada.
La tabla que ha completado le permite establecer las prioridades de sus necesidades.

ADAPTE SU PERSONALIDAD

La escala de Russell le ha permitido descubrir algunos aspectos de su personalidad y le permite aclarar sus **comportamientos♦**.

♦ *Comportamiento: conjunto de reacciones, de conductas conscientes o inconscientes.*

Es importante remarcar que tenemos comportamientos diferentes según el contexto en el que nos encontremos (por ejemplo, distintos comportamientos en nuestra vida privada o en nuestra vida profesio-

Nivel	Lucas
Visión del proyecto	Vivir en familia en un entorno satisfactorio, favoreciendo el desarrollo de cada uno y pudiendo, así, experimentar sus valores: el restaurante en la provincia.
Identidad	Búsqueda de soluciones que le ayudarán a alcanzar su pleno desarrollo, a vivir sus valores con serenidad.
Valores	La familia, abrirse a los demás, la autonomía, el descubrimiento.
Competencias	O bien ya las tenía o las ha adquirido: formación.
Comportamiento	Se formuló las preguntas adecuadas, se ha escuchado a sí mismo y ha tenido en cuenta a los que tenía a su alrededor. Ha sabido adaptarse.
Entorno	La familia acepta su proyecto y es un motivo de satisfacción. Él tiene que encontrar una solución. Está desempleado. Tiene una oportunidad.

Sentido de la lectura

Esta tabla corresponde a la escala lógica descrita por Robert Dilts.

nal). Esto significa que adoptamos diferentes roles y que, por lo tanto, no estamos definidos por un único comportamiento.

Es más, no siempre es fácil prever nuestro comportamiento. A veces actuamos de forma impulsiva, sin pensar, y nos encontramos ante situaciones indescifrables o difíciles de controlar. Lucas se hubiera podido dejar llevar por sus **impulsos**◆ en un momento de desánimo e incluso podría no haber reflexionado sobre la situación de un modo pausado. Su comportamiento negativo le habría llevado a la desmotivación.

◆ *Impulso: deseo repentino de realizar un acto.*

También podemos actuar de forma razonada, lógica. Nuestros actos son coherentes con aquello que somos realmente. Hacemos lo que queremos hacer, actuamos en función de los objetivos que hemos definido y creemos que podemos realizar. La capacidad de realizarlos equivale a ser capaces de asumir nuestras elecciones y de compartirlas, dado que están en consonancia con nuestra **identidad**◆, nuestros valores, nuestras competencias, nuestro entorno y nuestro comportamiento. Cada uno tiene su propia identidad. Se muestra la identidad cuando se es coherente, es decir, cuando el comportamiento es acorde con los valores, ideas y referentes.

◆ *Identidad: conjunto de elementos que permiten a una persona ser reconocida sin confusión posible.*

La congruencia

Cuando se adoptan ciertos comportamientos que son el reflejo de nuestra personalidad, se puede calificar nuestra manera de ser como congruente, ya que nuestros actos están relacionados con nuestra forma de pensar o de opinar.

• La congruencia de Lucas

Si retomamos el ejemplo de Lucas, se ve que su éxito es consecuencia de su coherencia, de su autenticidad: el proyecto del restaurante le permite satisfacer sus necesidades de independencia y realización personal. La vida en la provincia es motivo de satisfacción para toda la familia.

Su actitud reflexiva le permite llevar a cabo su proyecto. Se hace las preguntas necesarias y se adapta a las circunstancias.

Tiene suficiente capacidad para realizar su proyecto. Para incrementar las posibilidades de éxito, sigue diferentes cursos y se deja aconsejar. Sus valores y los de su familia son compatibles con la realización del proyecto. Su identidad puede afirmarse tranquilamente porque actúa tal como es.

Trasladamos este análisis al cuadro siguiente:

EJERCICIO **Verifique su congruencia**

1. Reflexione sobre un proyecto que lo tenga en vilo y piense en los medios de los que dispone para llevarlo a cabo. Identifique el entorno en el que se desarrollará, los comportamientos que va a adoptar, las competencias, los valores, su identidad y compruebe que todos estos elementos son coherentes entre sí.

2. Retome la escala de Robert Dilts y anote sus reflexiones. Empiece a llenarla desde abajo. Sus proyectos se definirán en la medida en que avance su reflexión.

asumir el éxito

explote su potencial

EXPLOTE SU POTENCIAL

Todos tenemos un potencial de cualidades y de energía que debemos explotar cuando se trata de motivarnos. De hecho, cuando se está desmotivado, se desaprovecha esa riqueza escondida en nuestro interior. El entusiasmo y la perseverancia son las claves que ayudan a expandirse, a extraer todo el potencial y a luchar contra el desencanto.

REAVIVE SU ENTUSIASMO

El entusiasmo es una emoción que merece la pena despertar porque desempeña un papel esencial en la construcción de la motivación. Una persona entusiasta irradia buen humor y desprende alegría y capacidad de actuar con pasión. P. H. Whiting afirma: «Las personas fracasan no por falta de inteligencia sino a causa de su falta de pasión.» ¿Es la pasión un factor para conseguir el éxito? Evidentemente lo es, porque cuando nos apasionamos nos implicamos en lo que estamos

EJEMPLO: ESTEFANÍA NO SE DESANIMA ANTE LA ADVERSIDAD

Estefanía tiene razones suficientes para estar desmotivada y, sin embargo, aún mantiene el entusiasmo. Divorciada desde hace poco tiempo, con dos hijos de corta edad, acaba de perder a su íntimo amigo en un accidente de coche. Sola, se ve obligada a cambiar de departamento y tiene que negociar con el director del banco porque está en números rojos. Hoy tiene una reunión. También tiene que arreglar su situación profesional, ya que el hospital donde trabaja va a cerrar. Su jefe tendrá que proponerle otra plaza. Tiene que hablar con él más tarde.

A las siete de la tarde, va a ver a su amiga Miriam y le comenta:
«Quiero tomar algo, pues hoy he tenido un día agotador. Dos reuniones importantes, una detrás de la otra. ¡Es demasiado!» Le explica las dos conversaciones a su amiga y al final le dice: «Lo más importante ha sido poder encontrar soluciones a mis problemas... Estoy deseando que llegue mañana porque me encanta la clase de tenis y además tengo muchas ganas de progresar, ¿y tú?» Y luego se ríe. ■

haciendo y, de este modo, actuamos para llevar a cabo nuestros proyectos. Cuando estamos entusiasmados, tenemos la capacidad de dominar nuestra infelicidad y nuestras dificultades porque el optimismo nos impulsa a reaccionar, a olvidar la rabia y la tristeza y a pensar en el futuro y en las soluciones más deseables. Es entonces cuando confiamos en nosotros mismos y adoptamos una actitud positiva. De este modo, liberamos toda la energía que nos permite motivarnos más fácilmente.

Le proponemos cinco consejos para ayudarlo a conservar su entusiasmo cuando atraviese situaciones difíciles.

Consejo 1
Haga que los finales de las entrevistas, reuniones y cenas que mantenga sean agradables para no provocar una sensación de abandono ni de rechazo.

Consejo 2
Evite los conflictos en las relaciones para que no le produzcan tristeza ni rabia.

Consejo 3
No se imponga mensajes muy exigentes que puedan favorecer el desarrollo de complejos y aumentar la falta de confianza en usted mismo.

Consejo 4
Exprese sus pensamientos, ideas, opiniones, sentimientos y emociones para liberar su energía mental y estar en buenas condiciones físicas.

Consejo 5
Concéntrese en la consecución de los proyectos que más desee.

Estefanía, que se enfrenta a muchos problemas, conserva, a pesar de todo, su entusiasmo. Podemos imaginar que ella pone en práctica los consejos que le acabamos de dar.

Salir airoso de las entrevistas
Estefanía ha tenido dos encuentros problemáticos el mismo día. En ambos casos, ella ha hecho valer sus derechos y ha comunicado sus reivindicaciones.

En la primera entrevista, ha tratado con un banquero, un directivo no muy amable que le ha hecho entender que debería reducir su tren de vida. No quiere que pague sus deudas con un préstamo pues, según él, sería demasiado arriesgado porque está en pleno proceso de divorcio. En la segunda entrevista, se enfrenta al jefe, que pretende trasladarla del departamento de cirugía del hospital, que se va a convertir en una residencia para ancianos, y le propone un puesto de enfermera en el nuevo establecimiento. También podría trabajar en un puesto similar al suyo en el hospital principal, que se encuentra a unos 20 km de su casa. Pero el jefe prefiere que se quede en la empresa. Estefanía está consciente de que una negociación llevada a cabo con una buena actitud preservará las buenas relaciones que mantiene con el banquero y su superior. Adopta entonces un comportamiento en el que:

• Está sonriente, tranquila y se muestra agradable.
• Escucha.
• Pregunta y defiende su punto de vista de un modo muy claro.
• Realiza propuestas y se despide amablemente.

En consecuencia, Estefanía ha obtenido el préstamo porque ha sabido explicarle al banquero su situación. Se ha comprometido a realizar un esfuerzo importante para gestionar correctamente su presupuesto. Tendrán que hacer una revisión dentro de un mes. En el segundo caso, ha sabido explicar a su superior que prefería probar en el departamento de cirugía del hospital principal con un equipo joven, en vez de ocuparse, de momento, de personas ancianas.
Ha conseguido sus dos objetivos.

• **Evite las relaciones conflictivas...**
Estefanía no tiene, en ningún momento, necesidad de aumentar su tristeza o su rabia. Ya es bastante difícil soportar todo lo que está pasando. Ha decidido que, en ningún caso, provocará un conflicto en sus relaciones hiriendo o atacando a sus interlocutores. Ha borrado completamente las reflexiones desagradables porque siempre son inútiles, aunque la opinión de los demás sea muy diferente de la suya. Una situación conflictiva podría dejar secuelas. Su técnica: hacer preguntas y que éstas sean coherentes en función de la situación. Por ejemplo:
El banquero: «Su cuenta está en números rojos, no podremos mantenerla así durante mucho tiempo.»
Estefanía: «¿Cómo me podría ayudar usted, de momento?» (Tono tranquilo.)
En lugar de decir: «Pago las comisiones, entonces, ¿de qué se queja? Los bancos sólo prestan dinero a los ricos.»

• **No se inflija mensajes perjudiciales**

Vea algunos mensajes perjudiciales que Estefanía podría decirse a ella misma con consecuencias terribles para su motivación y su entusiasmo:

«No te ganas bien la vida.»

«Gastas demasiado.»

«No eres razonable.»

«Si te hubieras quedado tranquilita con tu marido, no estarías en esta situación.»

• **Exprese sus pensamientos, ideas, opiniones, sentimientos y emociones...**

Estefanía siente una gran necesidad de hablar. Va a visitar a su amiga y le explica las entrevistas, le relata el esfuerzo que ha tenido que hacer para poder controlarse, la alegría que siente por haber conseguido mejorar la situación. Esta conversación le permite expulsar aquello que la bloquea mentalmente y liberar sus ideas para estar disponible de nuevo y apreciar lo que hace.

• **Céntrese en la consecución de los proyectos que le gustaría llevar a cabo**

A Estefanía le gusta jugar al tenis. Ha decidido volver a las clases de tenis con su amiga. Adora ese rato de distracción que la distiende y le permite olvidar momentáneamente sus preocupaciones. Esta manera de actuar representa para ella que la vida continúa a pesar de todo. Tan sólo el hecho de pensar en ello le provoca un bienestar que se traduce en entusiasmo.

CULTIVE SU PERSEVERANCIA

La noción de esfuerzo es indisociable de la construcción de nuestra motivación. Puede decidir, en algún momento en concreto, que quiere conseguir un objetivo y entonces se sentirá más motivado. Después pasará por un período de desencanto en el que se desmotivará. Si no se demuestra que es perseverante, nunca llegará a cumplir con su objetivo.

EJEMPLO: FELIPE PERSEVERA EN SU PROPÓSITO

Felipe está a punto de cumplir 50 años. Su cuñado acaba de morir de cáncer de pulmón. Está muy motivado para dejar de fumar. Se imagina todas las ventajas de dejar de fumar: gozar de mejor salud, contentar a su mujer, que no fuma y no soporta el olor a tabaco, y también a sus hijos, que odian el humo. Sabe que es posible y decide dejarlo después de fin de año.

Al principio va más o menos bien. Pero a medida que pasa el tiempo las tentaciones se multiplican, las cenas con los amigos fumadores, los nervios en el trabajo, el día a día...

Una noche, solo en el salón, piensa: «Me parece que me queda un paquete en algún sitio... Total, por uno no pasa nada... ¡Se me antoja tanto!» Pero a continuación piensa en los pros y los contras, y reacciona: «Qué tontería, hace nueve meses que no fumo, y me siento mucho mejor y mi familia también... Está bien, aguantaré hasta mañana. Mejor sí me voy a dormir, así no tendré la tentación de volver a fumar.»

Al día siguiente Felipe se levanta. Está orgulloso de haber resistido, de mantener su esfuerzo. ∎

Céntrese en el objetivo

¿Cómo ha podido Felipe vencer las dificultades y perseverar en su propósito? ¿Qué le ha permitido resistirse? ¿Por qué sigue estando motivado?

- En primer lugar, ha realizado una constatación positiva del camino que ha conseguido trazar.
- Después, se ha fijado un objetivo realizable a corto plazo.
- Finalmente, para poder salir victorioso, se ha apoyado en su objetivo: se siente mejor, la visión de su cuñado, de su mujer y de sus hijos...

Actuar como Felipe en plena fase de desaliento puede ser muy útil. Esta actuación se puede resumir en tres puntos:

1. **Hacer una constatación positiva.**
2. **Fijarse un objetivo realizable a corto plazo.**
3. **Apoyarse en el objetivo.**

EJERCICIO Este ejercicio le ayudará a adquirir perseverancia
Anote en la columna «Mis dificultades» todo aquello que, en algún momento, ha requerido coraje y voluntad de su parte. En la columna «Mis razonamientos» anote aquello que se ha dicho a sí mismo cuando ha conseguido su objetivo o aquello que tiene que decirse para conseguirlo.

Ejemplo:

Mis dificultades
• Tengo que hacer cuentas regularmente, guardarme todos los comprobantes de compra y los extractos del banco. Esto me evitará estar en números rojos.

Mis razonamientos
Nunca lo he hecho y me doy cuenta de que no sé en qué punto me encuentro ni cómo puedo ahorrar para no estar en números rojos. Me estreso cada vez que saco la tarjeta de crédito.
Esta tarde empezaré a anotar todos los gastos.

Seis meses después
• Estoy cansado y luego transmiten una película en la tele. Haré la revisión de las cuentas otro día, ya estoy harto.

Por otro lado, hace seis meses que no estoy en números rojos, desde que anoto todos los gastos una vez por semana. Esto me ocupa una hora a la semana. Tampoco es tanto.
Cada vez que uso la tarjeta de crédito sé cuánto me he gastado y cuánto dinero me queda. Ahora ya no me estreso y sé qué gastos son prioritarios (anclaje).
Necesito una hora. Si empiezo ahora, a las ocho y media ya habré terminado.
Me voy a preparar algo para comer y cenaré viendo la película de la tele. No cambio mi día de contabilidad.

Este método favorece la perseverancia para poder continuar con el esfuerzo.

Lo que resulta muy evidente en el ejemplo anterior es que para ayudarse en el esfuerzo y conservar la perseverancia, es necesario, a veces, conseguir cierto control del tiempo: organizar el tiempo, escoger las prioridades, calcular el tiempo necesario...

Gestione su tiempo

Saber motivarse y perseverar en la motivación implica comportamientos que incorporen la gestión del tiempo.

• **Tener tiempo para reflexionar,
hacer un paréntesis y centrarse en uno mismo**
Durante esta fase, debe reflexionar sobre sus opciones y sus objetivos.
Si deja que su espíritu sueñe despierto, conseguirá ver las cosas con
más claridad y formular los argumentos que le ayudarán a avanzar.
Los objetivos son un potente medio para ayudarnos a reencontrar
nuestro tiempo interior y, con ello, la fuerza que nos haga actuar, que
es la fuente de la motivación.

• **Determinar lo que se puede permitir**
Las obligaciones pueden distribuirse en el tiempo. Los mensajes perjudiciales pueden modularse de acuerdo con aquello que haya decidido
que puede permitirse. Por ejemplo, si se repite constantemente: «Estoy
estresado y frustrado porque no he terminado mi trabajo», el mensaje
subyacente es: «Me piden demasiado. Tendría que permitirme ciertas
cosas. Voy a delegar este caso.» El hecho de permitirse delegar evita el
estrés.

• **Descubrir el propio ritmo**
Todos tenemos ritmos biológicos diferentes. Debe localizar a lo largo
del día los momentos en los que es más eficaz para cumplir determi-
nadas tareas. Por ejemplo: «Estoy en plena forma de las 10 de la mañana hasta la hora de comer. Haré primero el trabajo administrativo
menos pesado y después de la pausa del desayuno haré las llamadas
más importantes.»

• **Analizar el tiempo perdido**
Hacer una revisión del día y determinar los momentos desaprovechados.
Una vez que lo haya revisado, puede confeccionar una lista de las tareas realistas y viables que debe realizar. No sea demasiado ambicioso
en lo que concierne a su horario porque eso crea frustraciones. Y las
frustraciones son fuente de desmotivación.

• **Organizarse**
De un modo sencillo y rápido puede hacer una lista de:
• Sus prioridades (lo que puede significar el rechazo de otras tareas).
• Sus medios para llegar a realizar las tareas.
• La distribución de las tareas.
• El papel de cada uno. Explicar a todas las personas sus respectivas
tareas y ofrecer los medios necesarios para que las cumplan.

Se acercan las vacaciones de verano. Como cada año, Carlota se desespera y se desmotiva antes de empezar las vacaciones porque se pone a pensar en que debe hacer las maletas, limpiar la casa rodante, acordarse de las bicicletas, los juegos de mesa, los platos, la comida y lavar la ropa. Se le hace todo cuesta arriba. «Las vacaciones son para toda la familia, menos para mí», piensa.

Se sienta tranquilamente en su butaca y reflexiona: «Vamos a ver, tenemos que salir pronto el sábado por la mañana, es mejor colocarlo todo en la casa rodante el viernes por la noche. ¿Quién estará en casa? Los dos niños y Carlos. Seguro que vuelve pronto del trabajo. ¿Cuánto tiempo tardaremos en organizarlo todo? Dos horas. Si empiezo a prepararlo el miércoles lo tendré listo sin estresarme. En lugar de hacerlo todo en el último momento, iré a la clase de enmarcar el miércoles. A las cuatro ya estaré lista y tendré dos horas para preparar las cosas. El jueves, como los niños se quedan a comer en la escuela, limpiaré la casa rodante por la mañana y podré ir a ver la exposición de pintura, tal y como había pensado, a primera hora de la tarde. El viernes por la mañana limpiaré la casa y por la tarde terminaré de hacer las maletas. Pero hoy aún no he empe-zado y tengo la sensación de que no adelantaré. Carlos me dice siempre que me ahogo en un vaso de agua, a lo mejor no soy tan organizada como pretendo. Vamos a hacer una lista:

• Por la mañana he ido de compras. Me he paseado por las tiendas. He perdido como mínimo una hora.

• He preparado la comida. Hemos comido y he retirado los platos de la mesa.

• Por la tarde he enmarcado un cartel modernista. He ido dos veces al centro de la ciudad porque me faltaban complementos. Si hubiera hecho una lista no tendría que haber ido dos veces. Por ello, he perdido una hora más.

Antes de irnos de vacaciones, voy a hacer una lista de todo lo que debo hacer por orden de prioridad. También daré una lista a los niños y a Carlos para que sepan lo que deben preparar. Voy a ser la mejor de las amas de casa del mundo. El sábado a las ocho de la mañana ya están preparados. Carlota agradece a sus hijos y a su marido con una gran sonrisa todo lo que han hecho. Por fin han logrado empezar las vacaciones sin enfados. Ella no está muy cansada y por primera vez en su vida le hace ilusión irse de vacaciones. Todos están muy motivados. ∎

• Felicitaciones. Pensar en felicitarse y felicitar a los demás una vez que se hayan realizado las diferentes tareas.

Las felicitaciones son siempre muy estimulantes y provocan deseos de perseverar.

El ejemplo de Carlota es una muestra de la eficacia de una buena gestión del tiempo y de los efectos que produce respecto a la motivación. La gestión del tiempo se aplica en todos los ámbitos, sea cual fuere el sector de actividad. Pero quizá las amas de casa sean las personas con más dificultades para motivarse dado que tienen obligaciones informales. Esta fase de la construcción de la motivación es muy importante, sobre todo para las personas que no tienen obligaciones formales, como por ejemplo las que buscan un empleo.

SINTONICE CON SU ENTORNO

Ahora ya sabe que dispone de todos los medios para motivarse. La motivación no está reservada a los demás, está a su alcance porque ha aprendido a conocerse, a hacer uso de su potencial y a tener confianza en sus capacidades.

Ahora ya es capaz de determinar sus necesidades y de concebir sus proyectos. Cada proyecto, sin embargo, se inscribe en un marco de referencia que debe tener siempre en cuenta. El entorno en el que se desenvuelve representa también un potencial imprescindible para concretar sus proyectos. Debe estar atento a lo que le rodea, porque su medio, y sobre todo las personas que lo constituyen, le dirigen constantemente mensajes que pueden servirle de guía.

ESCUCHE A LOS DEMÁS

• **Análisis**

En el ejemplo de la página siguiente verá que Malena no tiene en cuenta su entorno y toma decisiones de un modo individualista. Recibe mensajes de los demás, pero los rechaza o los pasa por alto. Está demasiado segura de sí misma. Olvida que los demás están a su lado para ayudarla, orientarla en la vida, mostrarle el camino y motivarla. Reacciona de un modo impulsivo y no es capaz de concentrarse. Nunca pide consejo. Se muestra tan desagradable con aquellos que le envían mensajes que acaba disuadiéndolos.

Malena es una chica joven, entusiasta, optimista, enérgica y segura de sí misma. Actualmente hace un módulo profesional de gestión comercial. Tiene que pasar su examen final dentro de dos meses y está segura de que lo aprobará. Es una alumna brillante, la mejor de su promoción. Una vez aprobado el módulo tiene planeado seguir estudiando en la facultad de Administración.

Malena escucha poco a los demás y parte del principio de que ella siempre tiene la razón, dado que es la mejor de la clase. Tiene dificultades para mantener una relación estable con las demás personas. Cuando los demás hablan sobre ella, dicen: «Está demasiado segura de sí misma, se toma muy a pecho lo que dice y siempre cree tener la razón.»

Dos semanas antes del examen, un amigo de su padre le propone un puesto de trabajo en su empresa. Empezará siendo la asistente de la secretaria de dirección, que se jubilará dentro de dos años. Pasado ese tiempo, si hace bien su trabajo –nadie duda de ello– ocupará su puesto y podrá así ascender rápidamente en la empresa. Se trata de una empresa de mil trabajadores que está en un momento de plena expansión. Malena rechaza la propuesta sin pensárselo dos veces. No se lo comenta ni a sus padres, ni a los profesores, ni a sus amigos. Quiere ir a la facultad de Administración.

Aprueba el módulo y, como era de prever, el tribunal examinador la felicita. Presenta los documentos para hacer el examen de ingreso en la facultad de Administración de su ciudad. El día antes del examen se baña en el mar, se resfría,

vuelve tarde de la playa y enferma. Cuando se examina, aún no está recuperada del todo. Al salir del examen se encuentra con uno de sus compañeros, que le propone que pida una beca para irse con él seis meses a Inglaterra. Rechaza la propuesta del mismo modo que hizo con la del amigo de su padre. Llega el día de las notas y… ¡reprueba! Le cae como un jarro de agua fría. Está avergonzada, decepcionada y sólo desea que se la trague la tierra. No comprende por qué la han rechazado y han preferido a un compañero suyo de la escuela profesional que tenía peores resultados.

Estaba tan segura de que la admitirían que no se había preocupado por inscribirse en ninguna otra facultad. ¿Qué debe hacer?

Podría presentarse el año que viene o buscar trabajo. El amigo de su padre le da a entender que es demasiado tarde y que no le pareció correcta la actitud mostrada ante él. El compañero que le propuso la beca en Inglaterra le explica que como rechazó la oportunidad, ya se lo ha dicho a otra persona y está esperando que le dé una respuesta. De todos modos, él ya no quiere ir con ella, dado que en su momento, Malena le dijo que no le parecía una buena idea.

Un año después, Malena sigue sin empleo y ha tenido que aceptar un puesto de trabajo como secretaria en el taller de un mecánico. No tiene ganas de volver a presentarse al examen de ingreso de la facultad que quería. Se siente mal, avergonzada, y no se atreve a volver a ver a sus antiguas amistades. ■

Malena dispone de los medios necesarios para cambiar, pero para modificar su comportamiento tendría que analizar primero sus experiencias y sacar conclusiones.

EJERCICIO

1. Analice las causas del fracaso de Malena.

2. ¿En qué medida su comportamiento le impide llevar sus proyectos a buen puerto?

Esta historia transcurre en la desembocadura de un gran río, en el mes de enero. La región es víctima de grandes inundaciones. En un pueblecito aislado, el agua sube rápidamente. Un hombre está en las escaleras exteriores de su casa. El agua ya ha alcanzado el primer escalón. Llega un jeep para rescatarlo.

—No, no —responde el hombre—. Ocúpese de los vecinos, el Señor tiene cuidado de mí y me salvará.

Rápidamente, junta las manos, levanta la vista al cielo y dice:

—Hablo con Dios.

Dos horas más tarde, el agua alcanza el primer piso de la casa. El hombre está en la ventana. Llega una lancha para rescatarlo.

—No, no —responde el hombre—. Ocúpense de los demás y rescaten a quienes lo necesiten más que yo, yo hablo con Dios.

La lancha se va. Unas horas después, el agua sigue subiendo. El hombre se encuentra en el tejado de su casa cuando llega un helicóptero que le lanza una cuerda.

—No, no —dice el hombre—. Seguro que tienen mejores cosas que hacer, yo hablo con Dios.

El agua siguió subiendo y el hombre terminó muriendo ahogado. Finalmente llega ante Dios:

—¿Qué ha pasado, Señor mío? ¿Por qué me has olvidado si tenía una fe inmensa en ti?

—¿Cómo? —le responde decididamente Dios—. No hay peor ciego que aquel que no quiere ver. ¿Recuerdas haber visto un jeep?

—Sí.

—¿Recuerdas también la lancha y el helicóptero? Entonces, ¿qué más querías? ¡El jeep, la lancha y el helicóptero te los he enviado yo! ∎

EJERCICIO
1. Reflexione sobre cómo ha ido la semana.
2. Pregúntese si ha sabido identificar todas las oportunidades que se le han presentado y que podrían contribuir a ayudarle a conseguir sus proyectos.

Interprete los mensajes

Estar atento al entorno significa que sabe ver las ocasiones que se le presentan y que está capacitado para aprovecharlas en su propio beneficio. Esta historia demuestra que no es conveniente obviar las señales que los otros le envían. Si se queda a la expectativa no conseguirá sus fines. Cuanto más atento se muestre a lo que pasa a su alrededor, mayor cantidad de razones para motivarse descubrirá.

La oportunidad se presenta a menudo y debe permanecer atento para no dejarla escapar. Para Carlota, la oportunidad se presenta, por un lado, en forma de una propuesta de empleo en la empresa de su padre, y por otro, de una estancia en Inglaterra. Debido a un exceso de confianza en sí misma, Malena se ciega y se cierra a cualquier propuesta. No puede decir que no ha tenido suerte. No la ha sabido aprovechar. La suerte nos la merecemos. Hay que estar abierto para poder reconocerla y sacar partido de ella.

Para estar aún más atento respecto a su entorno, le proponemos el siguiente ejercicio que le ayudará a adoptar una nueva actitud.

EJERCICIO

1. Piense en un proyecto que no ha concretado y en otro que haya terminado.

2. Piense en aquello que le motiva y compruebe si ha tenido en cuenta a su entorno antes de tomar una decisión.

3. En ambos casos, pregúntese lo siguiente y organice sus respuestas como en el cuadro:

- ¿Ha hablado de su proyecto con los demás, sus familiares, conocidos, aquellos que usted más quiere, aquellos que le quieren? ¿Ha tenido en cuenta todo lo que le han dicho o sugerido?

Nombres de las personas a las que se lo he contado	Reacciones respectivas	Lo que pienso de dicha reacción. ¿Debo considerarlo? ¿Cómo lo considero?

- ¿Cuáles son las preguntas que más le preocupan en este momento?
- ¿Pueden ejercer alguna influencia sobre su proyecto?

Mis preocupaciones	Su importancia	Las posibles consecuencias para mi proyecto

- ¿Cuáles son los acontecimientos que más le han marcado en las últimas semanas?
- ¿Cómo los ha vivido?
- ¿Tienen alguna relación con su proyecto? ¿Podrían tenerla?

Hechos relevantes	¿Cómo los ha vivido?	¿Qué relación tienen con su proyecto?	¿Cuáles son las posibles consecuencias?

- ¿Ha habido coincidencias desde que piensa en este proyecto?

SEA POSITIVO

No hay problemas. ¡Sólo soluciones!

El estado de ánimo tiene consecuencias muy importantes en la motivación. Si usted adopta un punto de vista positivo, aumentará sus probabilidades de éxito. No todo es de color de rosa cada día. La vida está repleta de imprevistos y contratiempos. Reconociéndolos y demostrando su optimismo a pesar de todo, puede transformar su visión del entorno y la de los demás. Sin duda, también puede modificar la visión que tienen los demás de usted.

El comportamiento cambia cuando se goza de un elevado estado de ánimo. Por un lado, se adopta un punto de vista que lleva a afrontar las situaciones objetivamente y, por otro lado, contribuye a que se tenga conciencia de uno mismo, de las actitudes corporales, de la apariencia física y de la imagen.

Cuide su apariencia

Ciertamente usted ya habrá oído hablar del mimetismo: una sonrisa produce otra, se responde a las muecas con otra mueca, a los gritos con otros gritos, a la reflexión agresiva y mordaz con otra reflexión agresiva y mordaz... es el **efecto espejo**. Por tanto se puede deducir que si cuida su apariencia, si es agradable y alegre, gracias al efecto espejo los demás reaccionarán del mismo modo. Si es simpático, los demás también lo serán con usted.

EJEMPLO: FRANCISCO CONTRIBUYE A CREAR MAL AMBIENTE

Francisco trabaja de contador en una gran empresa de servicios. Está decaído y cree que todo el mundo a su alrededor es aburrido. Por la mañana va a trabajar con desgano. No soporta a sus compañeros ni a su jefe. A decir verdad, no sabe por qué. El despacho en el que trabaja es gris y sobrio. La secretaria tiene una verruga en la nariz, nunca sonríe. Francisco tiene envidia de los que trabajan en el despacho contiguo porque se ríen continuamente. Ayer habló con Marisa, la chica del despacho de al lado. Estaba contenta, sonreía, había puesto un ramo de flores en la mesa de reuniones. Después de haber hablado con ella se sintió mejor. Francisco está pensando en pedir que le cambien de departamento... Todo parece tan divertido en el despacho de al lado. ■

Francisco, en gran medida, es responsable de lo que le pasa, pero dispone de los medios necesarios para modificar su situación y hacerla más satisfactoria:
• Debe tomar conciencia de que está decaído y preguntarse por qué. Tendrá que reconocerlo para encontrar, a continuación, soluciones que mejoren su situación.

EJERCICIO
1. Retome la historia de Francisco e imagine cómo podría encontrar la motivación para seguir trabajando en el mismo departamento y sin envidiar a los vecinos.
2. ¿Atraviesa usted por una situación similar? ¿Se cuestiona lo que debería cuestionarse? ¿Es objetivo en sus respuestas?

- Tendrá que cambiar su entorno para hacerlo más alegre dando un toque personal a su oficina, por ejemplo poniendo fotos que le recuerden buenos momentos, un objeto al que le tenga aprecio o unas flores. Esto hará que se sienta mucho mejor y podrá inspirarse al mirar dichos objetos. El fenómeno del **anclaje** lo ayudará a sentirse mejor.
- Cuando contemple algo distinto que la verruga de la nariz de la secretaria, podrá valorar el trabajo que ella realiza, los servicios que ella presta. Al fin y al cabo, la secretaria tiene unos ojos muy bonitos que él aún no ha apreciado, incluso podría citarse algún día con ella.
- O bien, simplemente, puede llegar y sonreír por la mañana y saludar amablemente con un «¡buenos días!» a todos sus compañeros.

• La voz

La voz también forma parte de la manera en que nos presentamos ante los demás.

Puede trabajar su voz para que sea más agradable y comprensible. Vea algunos consejos:

- Respire tranquilamente para hablar a ritmo pausado, no lo haga demasiado rápido.
- Adopte un tono natural, armonioso, equilibrado y expresivo.
- Varíe la entonación de su voz para hacer que sea más melodiosa.
- Intente articular correctamente.
- Preste atención al volumen de su voz, no hable ni muy bajo ni muy alto.

• La sonrisa

Sonreír es un primer paso para ver la vida con otros ojos, para ser positivo y motivarse.

Entonces, no lo olvide: ¡sonría!

Si usted no sonríe lo suficiente, haga un esfuerzo. Sonreír constituye un objetivo en sí mismo.

Se dará cuenta de que rápidamente se acostumbrará a sonreír y de que esto comenzará a formar parte de su naturaleza.

EJERCICIO
1. Fíjese como objetivo sonreír como mínimo 4 veces al día.
2. El primer día 4 veces, el segundo día, 5 veces, el tercer día, 6 veces, etcétera.

Cuide sus palabras

El lenguaje es en parte el reflejo del pensamiento. Si usa expresiones negativas significa que piensa negativamente y esto, en consecuencia, comportará más dificultades para conseguir nuestros proyectos. Al expresarse de modo negativo, emite ondas negativas. En ese caso, sólo se obtienen respuestas negativas que impiden avanzar y desmotivan. En consecuencia:

* **Utilice frases afirmativas**
* **Emplee palabras positivas**

Todos utilizamos giros idiomáticos o palabras que tienen connotaciones negativas o que desvalorizan.

EJERCICIO
1. ¡Escúchese hablar!
2. Observe si emplea siempre expresiones positivas.
3. ¿Qué ha respondido?

EJEMPLO: CLAUDIA RECIBE CASI SIEMPRE RESPUESTAS NEGATIVAS

Claudia es una chica adolescente de 13 años que no está segura de sí misma. Tiene miedo al rechazo cuando plantea preguntas. Parece como si no supiera pedir las cosas, porque la mayor parte de las veces obtiene una respuesta negativa. Por lo tanto, casi nunca pide nada y cuando se ve obligada a pedir alguna cosa, pasa una vergüenza tremenda, aprieta los puños y se ruboriza. Por ejemplo, cuando le pregunta a su madre si puede ir al cine lo hace del siguiente modo: «¿Verdad que no me dejarías ir al cine, mamá?» Y su madre,

evidentemente, no le da permiso. Claudia se siente un cero a la izquierda cuando se compara con su hermano, que tiene 14 años y consigue todo lo que se propone. A Claudia le parece injusto lo de su hermano y está celosa. Cuando él quiere ir al cine con sus amigos, le dice a su madre con la más bella de sus sonrisas: «Mamá, me queda algo de dinero de mis ahorros y he pensado ir al cine esta tarde con los compañeros a la función de las cuatro. ¿Sí? Gracias, mamá.» ¡Funciona! Claudia no entiende nada. ∎

Cuando adoptamos una actitud negativa, predisponemos negativamente a nuestro interlocutor. Producimos en él rechazo y distanciamiento. Podemos constatarlo según el modo en el que formulamos nuestras preguntas. Cuando utilizamos la negación (frase interro-negativa) esperamos, principalmente, un no como respuesta o, incluso, una confirmación negativa de aquello que pretendemos o pedimos hacer. Por ejemplo:

- ¿No me podría recibir el próximo jueves?
- ¿No has hecho tus tareas?
- ¿No puedes ayudarme?

Inténtelo mejor con:

- ¿Puede recibirme el próximo jueves a las nueve o prefiere el viernes a las cuatro?
- ¿Has hecho las tareas?
- ¿Me ayudas, por favor?
- ¿Me puedes ayudar?

De este modo, su interlocutor lo tendrá más difícil para responderle con un no, o tal vez matizará la respuesta.

• **Elimine la palabra «problema» de su vocabulario**
Al principio requerirá un gran esfuerzo de concentración. Tendrá que formular las frases de un modo diferente y transformar la palabra «pro-

---

EJERCICIO **Reformule estas frases**

1. «Como verás, hacer este trabajo no supone ningún **problema**.»
2. Va al departamento de Recursos Humanos a que le paguen sus prestaciones: «Buenos días, vengo porque hay un **problema** con mis pagos.»
3. Tiene usted un trabajo en el que está continuamente en contacto con los clientes. Cuando alguien le llama o le va a ver usted le dice: «Hola, ¿qué **problema** tiene usted?»
4. Esta mañana su coche no quiere arrancar, llegará tarde a la cita que tenía planeada, así que llama a su mecánico y le dice furioso: «Aún tengo un **problema** con mi coche, no arranca. ¡Es su culpa, desde que usted lo revisó, no tengo más que **problemas**!»
5. Se marcha de vacaciones y deja a sus hijos en casa de su suegra, que está un poco nerviosa: «Ya lo verás, te lo aseguro, no tendrás ningún **problema**.»
6. Es usted un político en plena campaña electoral y quiere tranquilizar a sus futuros electores: «Entonces, con relación al **problema** de la exclusión social yo haré...»
7. Tiene una cita con la maestra de su hijo pequeño (un alumno brillante pero poco disciplinado). La maestra empieza la entrevista diciendo: «Buenos días, sí, es debido al **problema** de su hijo.»

blema» en **suceso, situación, asunto**. Rápidamente, se dará cuenta de que antes, la mayor parte de las veces, no utilizaba correctamente esta palabra y que aquello que usted designaba como problema, no lo era.

Fíjese en estas situaciones en las que la palabra problema no existe:

1. «Lo ves, hacer este trabajo es sencillo.»
2. En el departamento de Recursos Humanos: «Hola, vengo a pedir información sobre mis pagos.»
3. A los clientes: «Buenos días, ¿de qué se trata?»
4. A su mecánico: «Buenos días, estoy preocupado(a), mi coche no puede arrancar por las mañanas, usted sabe que no es la primera vez que ocurre. ¿Podría averiguar qué le pasa y hacer lo necesario para evitar que se repita?»
5. A su suegra: «Te agradezco que te ocupes de ellos, ya verás, se portan muy bien.»
6. El político: «En lo que respecta a la exclusión...»
7. La maestra: «Buenos días, me gustaría hablar de su hijo. Es un buen alumno. Si fuera más tranquilo ¡sería perfecto!»

• **Emplee frases afirmativas, preguntas positivas**
No vuelva a utilizar nunca más preguntas interro-negativas del tipo: «¿No...?» Son más largas y cansan más. Dan ganas de responder que no. Si tiene usted hijos, edúquelos para que no hagan este tipo de preguntas, por ello no responda nunca cuando le pregunten: «¿Mamá (o papá) no podrías...?»

TOME DISTANCIA

Hay días en los que más valdría haberse quedado en la cama. Piensa que todo va mal. A partir del primer «percance», se desestabiliza. En lugar de reaccionar, se somete a lo que le pasa. Se encierra en un estado de ánimo negativo porque no sabe tomar la distancia necesaria. Sólo necesita cambiar su punto de vista y reflexionar sobre cómo podría vivir las cosas de un modo distinto, de un modo más positivo.

EJERCICIO

1. Encuentre 15 palabras o expresiones que emplee cada día en la oficina, en casa, en sociedad, y que tengan una connotación negativa. Pida a quienes lo conocen bien que lo ayuden a detectar las expresiones negativas que más utiliza.

2. Encuentre una reformulación positiva para cada una de estas palabras o expresiones.

Ejemplos:

Palabras o expresiones negativas	Palabras o expresiones positivas
Tardaremos como mínimo tres días	Tardaremos sólo tres días
Es un poco difícil	Es bastante sencillo
El fallo del sistema	La calidad del sistema
Tengo miedo, temo que no funcione	Estoy seguro y convencido de que todo irá bien
Corro el riesgo de perder	Tengo posibilidades de ganar
Esto cambiará mis hábitos y no me gustaría que ocurriera	Es un nuevo modo de ver las cosas, me adaptaré y encontraré ventajas.
De acuerdo, es menos largo, pero es más difícil	Voy a ganar tiempo, ahora sí que vale la pena dedicarle esfuerzo
No es una mala calidad	Es una calidad muy buena
No, pero...	¡Sí, claro... sí, sí!
No deja de ser interesante	Es muy interesante
Tengo cuatro ejercicios, aún me quedan dos por hacer	Sólo me quedan dos ejercicios
No cuelgue el teléfono	Espere un poco, gracias
No ha llegado todavía	Llegará en cinco minutos

• **La «colección de sellos»**

Se trata de una expresión que se utiliza en análisis transaccional para definir un conjunto de eventos, aquellas situaciones molestas e irritantes que experimentamos pero no exteriorizamos. Cada «sello» es como un boleto que otorga el derecho a recibir el posterior «regalo», es decir, expresar lo que se piensa. Pero la persona «explota» a menudo en un momento inoportuno y de un modo desproporcionado en relación con la situación o el momento en cuestión.

El ejemplo de Pedro de la página siguiente ilustra perfectamente la «colección de sellos». Ha coleccionado los contratiempos, las preocupaciones, las decepciones y las frustraciones. Ninguno de esos elementos, mirados con independencia unos de otros, son catastróficos. Pero la acumulación hace que Pedro tenga una reacción incorrecta y violenta que estalla al final del día, cuando se cruza con la portera. La reacción

¡Pobre Pedro! ¡Todo el mundo sabe que sólo tiene preocupaciones! Cada vez que se encuentra con alguien le preguntan: «Pedro, cuéntame, ¿qué problema tienes hoy?» Porque Pedro siempre tiene algún problema que contar. El pobre Pedro nunca sonríe, claro, ¡con tantos problemas! Es normal. Hoy, por ejemplo, va a la Delegación para obtener el permiso de circulación de su nuevo coche. Cuando llega, está cerrada. Vuelve una hora después. ¡No ha llenado correctamente los papeles! Además, llueve. Pedro estaciona su coche nuevo encima de un charco, y cuando sale se moja los pantalones. No tiene suerte, nunca tiene suerte. ¡Pobre Pedro! Tiene una cita con Matilde. Ya hace algunas semanas que Matilde lo quería invitar a comer. Y hoy, por culpa de los papeles del coche, llega con retraso. Por culpa de la lluvia y del charco ha tenido que volver a casa para cambiarse. Matilde lo ha esperado durante una hora pero después se ha ido. ¡Pobre Pedro!

Cuando vuelve a casa, la portera le dice amablemente: «Hoy no tiene correo.» Pedro se voltea y le dice con rabia: «Así que hoy ha tenido menos que leer.» Furioso, entra en su casa dando un portazo y golpeando después la puerta con el puño. ¡Pobre Pedro! ∎

de Pedro es desproporcionada. Por la sencilla decepción de no haber recibido ninguna carta trata fatal a la portera. Y aún más, la acusa de descortesía y de tener una curiosidad malsana. Pedro no ha sido capaz de tomar distancia. Toda la rabia que ha contenido a lo largo del día la ha pagado la persona menos indicada. La portera no es la responsable de todas las preocupaciones de la jornada. Pedro no ha sabido simplificar ni contener su agresividad. Si hubiera hecho una revisión de los diferentes elementos del día, se hubiera percatado de que, por un lado, no se ha organizado como tendría que haberlo hecho, y que, por otro lado, no se ha mostrado atento a su entorno.

Distanciarse ayuda a quitar importancia a las cosas y a comprender lo que está en juego cuando se atraviesan situaciones difíciles.

Ser realista ayuda a motivarse. Cuando usted se distancia al emprender algún proyecto o acción, juega con ventaja ante las dificultades.

Son las siete de la mañana. Como todos los días de la semana, el despertador de Adela suena a la misma hora. «¡Estoy harta de tener que levantarme para ir a trabajar!» Adela piensa en lo que tiene que hacer durante el día y, desmotivada, se vuelve a dormir.

¡Las ocho menos cuarto! Se hizo tarde. Adela tiene que estar en la oficina a las ocho y tarda diez minutos en llegar...

«Otro día que empieza bien», piensa Adela. «Voy con retraso, tendré hambre porque no he tenido tiempo de desayunar y mi jefe me echará bronca. Siempre igual, siempre pasa lo mismo, como siempre estará de mal humor conmigo. La culpa de que no me haya levantado temprano es de mi jefe. Con todas las preocupaciones que tengo en el despacho y las reprimendas de mi jefe no puedo dormir, y aquí está el resultado.» ∎

En lugar de dejarse hundir por sus problemas, logra encontrar soluciones para ellos.

SEA REALISTA

¿Por qué Adela no está satisfecha? Según ella, la causa de todas sus preocupaciones es su jefe. En lugar de preguntarse lo que podría cambiar de su comportamiento para, así, modificar la situación, busca al responsable de su descontento. Se desmotiva cuando piensa que no puede cambiar las cosas. En su caso, los repetidos retrasos son la causa de las reprimendas de su jefe. La solución sería hacer lo posible para no llegar tarde nunca más.

Adela adopta un modo de razonar que la desmotiva y la deja inactiva. No se plantea las preguntas adecuadas. Vea algunos ejemplos de preguntas que se corresponden, por un lado, con un razonamiento desmotivador y, por otro, con un razonamiento motivador:

Retome el caso de Adela y responda a las preguntas que se corresponden con los dos razonamientos. Ayúdese con el cuadro de abajo.

- Las preguntas que se corresponden con el razonamiento desmotivador giran alrededor del **por qué**... Nos hacen dar vueltas sin llegar a una solución. Nos encierran en un proceso negativo. Nos encontramos en una posición en la que estamos a la espera de que cambie nuestro entorno. Nos mantenemos en las **variables del entorno.**
- Las preguntas que responden al razonamiento motivador empiezan por **qué hacer para que**... De esta manera nos hacemos con la situación, buscamos una solución auténtica, demostramos que tenemos

PREGUNTAS QUE SE DESPRENDEN DE UN RAZONAMIENTO DESMOTIVADOR	PREGUNTAS QUE SE DESPRENDEN DE UN RAZONAMIENTO MOTIVADOR
1. ¿Qué es lo que no funciona?	**1.** ¿Qué deseo conseguir?
2. ¿Por qué tengo yo este problema?	**2.** ¿Cuándo lo quiero conseguir?
3. ¿Qué es lo grave?	**3.** ¿Cuáles son los medios y los recursos de que dispongo para lograrlo?
4. ¿De quién es la culpa?	**4.** ¿Cómo sabré que he logrado un buen resultado?
	5. ¿En qué estado de ánimo me encontraré cuando haya conseguido lo que quiero?

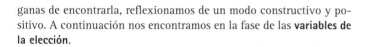

EJERCICIO
1. Elija una situación que le resulte desagradable.
2. Utilice primero un razonamiento desmotivador.
3. Ponga en práctica el razonamiento motivador.
4. ¡Actúe para motivarse!

ganas de encontrarla, reflexionamos de un modo constructivo y positivo. A continuación nos encontramos en la fase de las **variables de la elección**.

En conclusión:
• Colóquese en una posición de éxito.
• Sea razonable y realista cuando se fije objetivos, no devore las etapas.
• No confunda los objetivos con los medios.

En el caso de Adela:
• Su objetivo = Mejorar las relaciones con su jefe o el clima que impera en su trabajo.
• Medio = Levantarse un cuarto de hora antes, por ejemplo.
• Fije siempre una fecha para su objetivo.
• Elija los objetivos SMART:
  - Sencillos
  - Mensurables
  - Accesibles
  - Realizables
  - En el Tiempo

RAZONAMIENTO DESMOTIVADOR	RAZONAMIENTO MOTIVADOR
1. Adela no consigue levantarse temprano, llega tarde, sabe que tendrá hambre y que su jefe la va a regañar. Su trabajo le crea muchas preocupaciones. **2.** Adela tiene este problema porque piensa que es la «cabeza de turco» de su jefe. **3.** Lo más grave es que no encuentra ningún tipo de placer al ir a trabajar y esto estropea su vida. **4.** Para Adela, el responsable de todos sus problemas es su jefe.	**1.** Adela quiere ir a trabajar a gusto, sin pensar que su jefe estará todo el día regañándola. **2.** Adela se ha dado el plazo de un mes para hacer que la opinión que tiene su jefe de ella cambie. **3.** Los medios y los recursos de que dispone son: • Su interés en mejorar la situación. • Tomarse el tiempo necesario para desayunar, levantarse temprano, irse a la cama, tal vez, un poco antes. • Realizar todas las noches un recuento de los elementos positivos del día. • Pensar por la mañana en algo agradable que podría pasarle durante el día. • Pensar en cómo organizar el trabajo para mejorarlo o incluso discutirlo con el jefe si es necesario. **4.** Adela sabrá que ha conseguido su objetivo cuando llegue el día en el que pueda levantarse temprano sin problema, en el que no la regañe el jefe y en el que pueda comunicarle fácilmente las dificultades que encuentra en su puesto de trabajo. **5.** Cuando Adela haya conseguido su objetivo, se sentirá bien consigo misma, orgullosa de haber logrado este resultado y confiará mucho más en ella misma.

En la siguiente lista se recogen las principales ideas con las que practicar todos los días para construir su motivación:

- Suprima la palabra «problema» de su vocabulario.
- Utilice frases afirmativas cuando desee conseguir algo.
- Trabaje su voz para que sea agradable y suave.
- ¡Sobre todo, no deje de sonreír!
- Sustituya las expresiones negativas por fórmulas positivas.
- Emplee palabras positivas y concretas.
- Evite los factores que le limitan o le hacen retraerse.

- Busque soluciones y no causas.
- Practique el razonamiento motivador:
- ¿Qué quiero conseguir?
- ¿Cuándo lo quiero lograr?
- ¿Cuáles son los medios y los recursos de que dispongo?
- ¿Cómo sabré que he conseguido el resultado adecuado?
- ¿Qué estado de ánimo tendré cuando consiga lo que deseaba?

ÍNDICE ALFABÉTICO

Se terminó de imprimir en abril del 2006 en
Litográfica Ingramex, S.A. de C.V.
Centeno 162-1. Col. Granjas Esmeralda
México D.F.